사람은 왜 도덕적이어야 하는가

영화에서 철학을 만나다

사람은 왜

도덕적이어야 하는가

량광야오 지음 | 임보미 옮김

BM 성안당

프롤로그

—

최근 철학에 대한 관심이 어느 때보다 뜨겁다. 가장 대표적인 현상 중 하나는 철학적 분석을 통해 개념이나 가치관의 문제점들을 해결하고자 하는 '철학치료 붐'이다. 또 다른 하나는 영화 속 얘기를 바탕으로 철학 문제를 다룬 책들의 잇따른 출간이다. 이러한 책에는 대부분 흥행 영화가 등장한다. 사실 철학이 전문화된 것은 대학이 생겨나면서부터다. 게다가 철학자들이 다루는 문제들도 나날이 추상화되면서 일반 학자들조차 이해하기 어려운 상황에 이르렀다. 하지만 서양철학이 막 등장했을 때만 해도 세속적인 성격이 짙었다. 소크라테스는 길에서 사람들과 스스럼없이 철학 문제를 논하고 그들에게 깨달음을 주기도 했다. 최근 나타난 철학에 대한 '뜨거운 관심'은 철학이 일상적인 삶으로 '회귀'했다는 것에 대한 방증이다. 이 말은 고대 그리스 시기의 기능을 되찾았다는 의미이기도 하다.

철학치료의 기원은 미국에서 찾아볼 수 있는데, 이미 홍콩에서도 이 분야의 전문가들이 두각을 나타내고 있다. 반면, 영화를 통해 철학 문제에 접근하는 방식은 중화권에서는 아직 드문 현상이다.

철학이 진부한 학문이라면 영화는 신선한 즐거움이다. 따라서 철학이 영화에 기대어 '환생'을 하든, 일상생활 속으로 스며들든, 영화가 철학을 등에 업고 '깊이'를 더하든 관객의 입장에서는 좋은 일이 아닐 수 없다. 우리는 영화를 감상하면서 피곤한 일상으로부터 해방되곤 한다. 만약 영화와 함께 철학적 이슈를 접할 수 있다면 철학에 대한 대중들의 관심을 자극할 수 있지 않을까?

일부 영화는 주제에서부터 철학적 성격을 강하게 드러내기도 하는데, 이러한 영화들은 철학영화라 해도 무방하다. 사실 철학적 이슈들은 일반 영화에서도 그리 어렵지 않게 찾아볼 수 있다. 예컨대 대부분의 영화가 인간관계에서 발생하는 분쟁을 다루고 있는데, 이러한 내용을 담고 있는 영화라면 윤리학과 연결지어 볼 수 있다. 이 책에서는 영화를 바탕으로 일상생활에서 자주 접하는 철학적 문제들을 고민해봤다.

아, 그리고 영화는 반드시 극장에서 봐야 한다! 그곳이야말로 내 마음속 안식처니까.

마카오에서
량광야오(梁光耀)

차 례

자아

사랑

진실

자유

도덕

두 건의 존속 살인 사건이 연이어 발생했다. 윤리학자들은 도덕 교육을 강화해야만 이러한 참극을 막을 수 있다고 주장했다. 하지만 원인이 규명되지도 않은 상황에서 가해자를 정신병 환자로 몰고, 도덕 교육에 문제가 있다고 속단하기에는 무리가 있다.

만약 도덕 교육을 강화한다면 어떤 방향으로 이뤄져야 할까? 정서적인 도덕 교육은 간과한 채 처벌 중심의 교육만을 강화한다고 해서 이러한 일이 발생하지 않으리라는 보장은 없다. 우리는 어릴 적부터 '다른 사람에게 피해를 주지 마라', '약속을 지켜라', '거짓말을 하지 마라', '어른을 공경해라', '부모에게 효도해라' 등과 같은 도덕적 규범들을 귀에 못이 박히도록 들어왔다. 하지만 아무도 그 이치나 이유에 대해서는 설명해주지 않았다. 이는 납득의 과정이 배제된 훈계에 지나지 않는다.

완벽한 도덕 교육을 하려면 반드시 그 이치에 대한 설명과 납득의 과정이 필요하다. 또한 이성적인 토론의 기회를 부여해 반박의 여지를 둬야 한다. 그 가운데 가장 중요하고도 기본적인 문제는 바로 '왜 도덕이 필요한가?'다.

왜 도덕이 필요한가?

—

영화 〈할로우맨(Hollow Man)〉에 등장하는 젊은 과학자는 투명인간으로 변하는 방법을 개발한다. 동료의 조언을 무시한 채 실험에만 몰두하던 그는 결국 본래의 모습을 찾을 수 없게 된다. 자신만이 유일하게 투명인간이 될 수 있는 상황은 과학자의 심적 변화를 촉발시키기에 충분했다. 그는 부도덕한 일들을 서슴지 않고 벌이기 시작한다. 이웃집 여자를 강간하고 심지어 그의 비밀을 아는 동료를 죽이는 지경에 이른다. 이 영화에서는 인간이 자신의 행동에 대한 책임으로부터 자유로워지면 통제 불능한 상태에 빠지게 된다는 것을 보여준다. 그렇다면 인간의 도덕적인 행동은 단지 외재적인 제약 때문일까?

물론 투명인간으로 변신할 수 있는 능력을 가진 사람이 모두 악행을 저지른다고 속단할 수는 없다. 영화 〈판타스틱 4(Fantastic 4)〉의 케이트처럼 투명인간으로 변하는 능력을 통해 정의를 구현할 수도 있다. 하지만 현실세계에서 투명인간으로 변할 수 있는 능력을 가졌다면 대다수의 사람들은 도둑질과 같은 악행을 저지를 것이라 생각한다. 영화 〈점퍼(Jumper)〉에서 순간 이동 능력을 가진 주인공이 은행을 털어 자신의 물질적 욕망을 채우듯이 말이다.

플라톤의 《유토피아》에서도 다음과 같은 얘기가 등장한다. 한 목동이 우연히 투명인간으로 변신할 수 있는 절대반지를 얻은 후, 왕비를 유혹해 왕을 살해하고 왕좌에 오른다. 이 얘기는 인간은 외재적인 제약 때문에 악행을 저지르지 못할 뿐, 인간의 본성은 본질적으로 같다는 것을 말해준다.

물론 내가 도덕 무용론을 제창하는 것은 아니다. 도덕은 매우 중요한 기능을 한다. 바로 사회 질서의 유지다. 홉스가 말한 바와 같이 도덕적 규범이 없다면 인간은 자연 상태에서 서로 싸우고 죽일 것이다. 이는 어느 누구도 원치 않는 일이다. 그래서 인간은 이성을 활용한 상호 협의를 거쳐 도덕적 규범이라는 결과물을 창출한다. 우리는 이를 바탕으로 좀 더 안정된 환경에서 협력을 통해 더 많은 이익을 도모할 수 있다.

홉스의 도덕관

홉스는 16세기 말 영국의 철학자로, 대표작으로는 《리바이어던》을 들 수 있다. 경험주의 전통학파에 속한 그는 인간에 대한 관찰을 통해 자신의 사상을 수립했다. 그는 인간이 욕망의 실현을 추구한다고 봤다. 하지만 자연 상태에서는 무한한 인간의 욕망에 비해 자원이 부족하기 때문에 인간들은 자원 쟁탈을 위한 전쟁을 할 수밖에 없었다. 인간은 장기적인 이익을 위해 반드시 협력을 하고 사회를 구축해 일련의 규칙들을 준수해야 했다. 이것이 바로 도덕이다.

도덕이 단지 일종의 합의에 불과하고 그 궁극적 목적이 자신의 이익이라고 가정해보자. 그렇다면 우리는 한 가지 문제에 직면한다. 아무도 모르는 상황에서 부도덕한 일을 통해 더 많은 이익을 꾀할 수 있다면 우리는 과연 도덕적일 필요가 있을까?

혹자는 '아무도 모르는 상황'은 근본적으로 불가능하며, 일정 부분의 리스크가 늘 존재한다고 말한다. 설령 투명인간으로 변신할 수 있는 능력을 가졌다고 하더라도 그 누구에게도 들키지 않으리란 보장은 없을 뿐만 아니라, 만에 하나 들킬 경우 외재적 제약에 직면하게 될 것이란 뜻이다. 영화 〈할로우맨〉의 악역인 투명인간 과학자가 권선징악의 결말에서 자유롭지 못했듯이 말이다.

불교에서도 은신술을 통해 악행을 저지른 사람의 얘기가 전해 내려온다. 용수는 불교에 귀의하기 전부터 오랜 수련 과정을 통해 훌륭한 기량을 뽐내고 있었다. 은신술까지 겸비한 그는 동료들과 함께 황궁에 잠입하고, 궁녀를 강간해 임신까지 시키고 만다. 왕은 신하들에게 그들이 다시 왕궁에 잠입할 경우에 대비해 바닥에 분말을 뿌려놓도록 했다. 다시 황궁을 찾은 그들의 발자국이 분말을 통해 나타나자, 왕의 명을 받은 호위무사들이 칼을 휘둘러 결국 일행 중 자신만 남게 되자 줄행랑을 쳤다. 이 일이 있은 후 용수는 개과천선하기로 마음먹고 불교에 귀의해 용수보살이 됐다.

이처럼 악행을 저지를 경우 외재적 제약으로부터 100% 자유로울 순 없으며, 리스크가 존재하기 마련이다. 악행을 저지르고도 요행을 바란다면 이는 결코 이성적인 결과물이 아니다. 이성이란 리스크를 따져보는 것을 의미한다. 이때 리스크가 낮을수록 악행을 저지르는 사람의 수는 많아진다. 중국의 일부 지방에서는 부패를 저지른 관료를 최고형인 사형에 처할 수 있도록 했지만, 여전히 부패를 저지르는 사람은 존재한다. 리스크가 매우 낮기 때문이다.

외재적인 제약 외에 내재적인 제약도 존재한다. 이는 다름 아닌 '양심의 가책'이다. 이익은 막대한데 어느 특정인에게 피해를 주지 않는다면(영화 〈점퍼〉의 주인공이 은행을 털었던 것처럼) 아마도 대다수가 양심을 저버릴 것이다.

혹자는 '도덕이 단지 질서 유지를 위한 수단이라면, 법률이 더 효과적이지 않은가? 과연 도덕이 필요한가?'라는 질문을 던질지도 모른다. 우리는 우선 도덕과 사회 질서의 관계를 따져봐야 한다. 사회에는 질서가 필요하다. 이는 자명한 사실이다. 문제는 어떻게 질서를 지키도록 하느냐다. 과거 전통사회에서는 관습의 틀 안에서 질서가 유지될 수 있었지만, 복잡한 현대 사회에서는 역부족이다. 각기다른 지역에서 온 구성원들의 관습은 제각각이다. 이러한 연유로 법률에 의지해 질서를 유지한다. 외재적인 제약에 속하는 법률은 감시가 필요하고 그에 따른 비용 또한 만만치 않다. 이를 절약할 수 있는 최고의 방안은 자신 스스로 자신을 제어하는 내재적 제약, 바로 도덕이다. 따라서 법률이 아무리 중요하다 하더라도 도덕 또한 없어서는안 될 요소라고 할 수 있다.

제약 행위의 방법

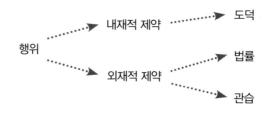

대부분의 사람들은 도덕에 대한 홉스의 견해에 동의할 것이다. 실제로 도덕은 그러한 기능을 갖고 있다. 하지만 이 학설이 도덕의 본질을 제대로 파악하지 못했다는 느낌을 지울 수 없다. 도덕이 단지 개인의 이익 실현을 위한 도구일 뿐이라면 타인을 위한 희생은 어떻게 설명해야 하는가? 또한 우리 또한 이러한 고귀한 행위를 제대로 평가할 수 없을 것이다. 이처럼 도덕은 사회 질서를 유지하는 기능 외에도 좀 더 적극적인 의미를 지닌다. 이는 다음 장에서 다시 살펴보자.

도덕과 이익

—

　우리는 종종 도덕적인 사람이 타인에게 도움의 손길을 내미는 모습을 보곤 한다. 반면, 부도덕한 사람은 늘 자신의 이익을 위해 타인의 희생을 강요한다. 도덕과 이익, 이 둘은 잠재적인 대립관계인 듯하다. 공자는 일찍이 이 문제를 간파하고 소위 '의이지변(義利之辯)'이라 하면서 '군자는 의(義)를 위하고 소인은 이(利)를 위한다(君子喩於義小人喩於利)'라고 말한 바 있다. 물론 이 말이 개인의 이익을 추구하지 말라는 뜻은 아니다. 스스로 돌보지 않는다면 그 누가 당신을 돌봐주겠는가?

　뒤이어 군자는 '견이사의(見利思義)'라고 했다. 다시 말해 군자는 이익 앞에서 우선 의로운지를 고민해야 하며, 소인배처럼 이익만을 좇거나 도덕을 져버려서는 안 된다는 뜻이다.

하지만 일확천금 앞에서 도덕적인 평정심을 유지하기란 결코 쉽지 않다. 일본 영화 〈짚의 방패(Shield of Straw)〉를 살펴보자. 어느 날 일본의 재계 거물인 니나가와의 손녀가 피살된다. 니나가와는 복수를 위해 살인마 기요마루(후지와라 타츠야)를 죽이는 사람에게 10억 엔을 주겠다고 천명한다. 이 소식을 들은 사람들이 기요마루 죽이기 위해 혈안이 되자, 기요마루는 어쩔 수 없이 자수를 한다. 그러자 경찰은 도쿄 재판장까지 기요마루의 신변을 보호하기 위해 5명의 특수 경찰을 파견한다. 하지만 거액의 상금 앞에서 간호사와 경찰마저도 법의 테두리를 벗어나고 후쿠오카에서 도쿄까지의 이송 과정에서 끊임없는 살해의 위협이 이어지는 가운데, 호송팀 내부에도 스파이가 나타난다.

아마도 독자들은 위 영화 속에서 '도덕과 이익'의 충돌이 다소 과장되게 표현됐고, 극히 비현실적이라고 생각할지도 모르겠다. 그렇다면 또 다른 영화 〈범죄와 비행(Crimes and Misdemeanors)〉 속 주인공의 얘기를 해보자. 이 영화 속 주인공이 맞닥뜨린 도덕과 이익의 충돌은 어쩌면 좀 더 친숙하게 느낄 수 있을지도 모른다. 유명한 안과 의사로, 행복한 가정의 가장으로 남부럽지 않은 삶을 살고 있는 주인공에게는 숨겨둔 정부가 있다. 어느 날 주인공과의 영원한 행복을 원하는 정부가 그와의 불륜을 폭로하겠다면서 아내와의 이혼을 요구한다. 전혀 원치 않았던 일이 닥친 것이다. 그의 사생활이 공개

된다면 그의 가정은 물론이거니와 그동안 쌓아온 부와 명예가 순식간에 물거품이 될 터였다. 그러자 주인공의 동생은 킬러를 고용해 그녀의 입을 막자고 제안한다. 유대교의 가정에서 자란 그는 하느님이 지켜보고 계실 거란 생각에 망설인다. 하지만 그녀가 점점 자신을 조여오자, 결국 킬러를 고용해 그녀를 죽인다. 사건 발생 후 몇 개월이 지나도록 경찰은 주인공을 전혀 의심하지 않았고 모든 것은 제자리로 되돌아왔다. 주인공도 일말의 가책을 느끼지 않았다.

영화는 도덕의 출발점은 하늘이고, 반드시 하늘의 굽어살핌이 필요하다는 것을 전하고 있는 듯하다. 만약 하느님이 존재하지 않는다면 모든 것이 허락되고, 도덕은 그 의미를 상실할 것이다. 도덕이 하늘이 내린 것이라는 말은 하늘이 우리의 일거수일투족을 보고 최후의 심판을 내릴 것이라는 의미다. 설령 주인공이 법의 제재는 피할 수 있을지 몰라도 하늘의 판결에서는 자유롭지 않다는 뜻이다. 이러한 의미에서 도덕은 어쩌면 우리 인생에서 가장 장기적이고 최대한의 이익을 위한 수단일지도 모르겠다. 살인자는 죽어서 지옥에 떨어질 공산이 매우 높으니 말이다.

그러나 지금까지 우리는 하느님의 존재를 증명할 수 없었다(물론 존재하지 않는다는 것도 증명할 수 없다). 더 나아가 도덕이 과연 우리가 죽은 후 천당행과 지옥행을 가를 기준인지도 증명할 도리가 없다. 중국 춘추 전국 시대의 철학자인 묵자도 유대교와 마찬가지로 귀신이 지켜보고 있다고 믿고, 도덕은 하늘로부터 나온다는 '의출어천(義出於天)'을 주장했다. 묵자는 이익으로 도덕의 범주를 정하고, '의(義)가 이익이다'라고 했다. 물론 묵자가 말한 이익은 개인의 이익이 아닌 대중의 이익, 즉, 공리(公利)를 의미한다. 묵자는 침략 전쟁을 반대했는데, 그 이유는 바로 침략 전쟁이야말로 가장 의롭지 못하고 대중의 이익에 가장 큰 피해를 끼치기 때문이다. 묵자는 앞장서서 제자들을 이끌고 의롭지 않은 전쟁을 막아냈다.

영화 〈묵공〉에서 묵자로 분한 유덕화는 양성(梁城)을 수호하기 위해 군대를 이끌고 조나라 군대에 필사적으로 저항한다. 이러한 측면에서 도덕은 대중의 이익을 도모해 좀 더 나은 삶을 제공한다는 점에서 서양의 공리주의와 매우 흡사하다.

공리원칙(Utilitarian Principle)은 공리주의에서 궁극의 도덕 원칙이다. 간단히 말해 최대 다수의 최대 행복은 옳은 것, 최대 다수의 최대 불행은 그른 것이다. 그러므로 이 원칙은 최대 행복의 원칙이라고도 할 수 있다. 상식적으로 살인은 분명 해서는 안 될 일이다. 하지만 공리주의적 관점에서 보면 살인으로 인한 쾌락이 고통보다 크다면 살인은 옳은 일이 된다. 그렇다면 공리주의적 관점에서 영화 〈범죄와 비행〉의 주인공이 내린 결정이 과연 도덕적인 것인지 분석해보자. 우선 두 가지를 따져봐야 한다. 하나는 정부를 죽임으로써 가져오는 쾌락이고, 다른 하나는 그로 인한 고통이다. 만약 쾌락이 고통보다 크면 그것은 옳은 행위다. 이와 반대의 경우라면 분명 그른 행위다. 정부의 죽음은 주인공의 가정과 사업이 흔들림 없이 유지되도록 하면서 주인공과 그의 가족에게 쾌락을 안겨준다. 반면 그녀의 죽음으로 인한 고통은 정부가 살해될 때 느끼는 고통, 박탈당한 그녀의 미래 행복, 그녀의 죽음으로 말미암은 그녀 지인들의 슬픔으로 나눌 수 있다.

첫 번째의 경우 주인공이 사건 현장에 되돌아와 그에게 불리한 증거들을 없앨 때 우리는 시신을 통해 킬러가 뒤에서 총을 쐈다는 사실을 알 수 있다. 여전히 엷은 미소를 머금고 있는 정부의 얼굴에서 그녀가 곧 닥칠 죽음에 대해 몰랐다는 사실을 알 수 있다. 즉, 그녀의 죽음은 어떠한 고통도 가져오지 않았다. 두 번째의 경우, 그녀와 그의 관계가 폭로됐다면 주인공은 그녀와 함께 하지 않았을 테고, 그녀의 미래 또한 그리 밝지는 않을 것이다. 세 번째의 경우 또한 영화에서는 그녀가 친구 하나 없는 외톨이임을 암시하고 있다. 그러므로 그녀의 죽음은 어느 누구에게도 고통을 안겨주지 않는다.

이상의 논리에 따라 정부의 죽음이 가져오는 쾌락이 고통보다 크므로, 이는 옳은 일이다. 그러나 이익을 위해 무고한 사람을 죽음으로 내모는 것은 명백히 도덕적 상식을 벗어나는 행위이자, 다수의 최대 행복을 위해 소수의 기본 권리를 희생시켜야 한다는 공리주의가 비난받는 이유이기도 하다.

일반적으로 도덕적 행위는 쾌락을 가져오고 비도덕적 행위는 고통을 가져온다. 하지만 위의 내용에서 알 수 있듯이 개인의 이익이든, 다수의 이익이든 도덕적 가치와 의미를 설명하기에는 충분치 않다.

도덕의 자강적 의미

—

플라톤은 《유토피아》에서 지혜와 용기, 절제와 공정심을 겸비하고 덕을 갖춘 사람은 훌륭한 사람이며, 분명 덕이 가져다주는 기쁨을 만끽할 것이라고 봤다. 이러한 기쁨은 물질로 인한 쾌락과는 다른 개념으로, 정신적 쾌락이라 할 수 있다. 이러한 정신적 쾌락의 대표 주자는 공자가 가장 신임했던 제자인 안회다. 그는 '한 그릇의 밥과 한 바가지의 물을 갖고 누추한 집(一簞食, 一瓢飮, 在陋巷)'에 살면서도 늘 기쁨을 느꼈다. 안회가 느끼는 이러한 기쁨은 물질로 인한 만족이 아니라 덕으로 인한 만족, 바로 덕을 통해 영원히 누릴 수 있는 마음의 기쁨이었다. 이러한 만족감이 바로 행복이다.

어째서 덕이 이러한 쾌락을 안겨줄 수 있을까? 덕은 자아를 발전시키고 자신의 한계를 뛰어넘도록 한다. 살아가면서 우리는 이룰 수 없는 욕망 앞에서 좌절하고 고통을 받곤 한다. 만약 욕망을 절제하고 현실에 만족한다면 이러한 고통은 줄어들 것이다. 여기서 우리는 도덕이 자아를 강인하게 할 수 있음을 발견하는데, 이것이 바로 도덕의 '자강(自强)적 의미'다. 영화 〈세 얼간이(3 idiots)〉의 주인공인 란초는 착하고 용감하며 진취적인 데다 유머까지 겸비했다. 이러한 품성은 그가 고난과 역경을 딛고 성공을 일궈내는 데 큰 밑거름이 된다. 이 영화는 '교육'편에서 다시 다룬다.

이를 종합해볼 때, 도덕이 가진 사회 질서를 유지하는 기능 덕분에 사람들은 서로 협력하고 각자의 이익을 실현한다. 그러나 개인적인 입장에서 보면 도덕의 진정한 목적은 자신의 이익이 아니라 스스로를 강인하게 만드는 것이다. 도덕을 자신의 이익에만 결부시킨다면 타인을 위한 희생을 설명할 수도 없고, 도덕의 중요한 가치마저 놓치고 만다.

'왜 도덕이 필요한가?'라는 문제에 대한 답은 '자신의 이익 추구'와 '스스로 강인해지는 것' 외에 한 가지가 더 있다. 바로 칸트가 내놓은 답이다. 칸트의 관점에서 보면 이러한 문제는 불필요하다. 왜냐하면 도덕적 의무는 이성이 우리에게 내린 명령이고, 도덕은 우리 스스로 분명히 아는 것이기 때문이다. 혹은 이렇게 말할 수도 있을 것이다. '우리는 도덕을 위해 도덕적이어야 한다.'라고 말이다. 인간이 도덕을

칸트의 의무론

칸트는 공리주의에 반대한다. 그는 도덕적으로 옳고 그름은 결과가 아닌 동기에 따라 결정된다고 봤다. 그렇다면 그 동기란 무엇인가? 의무에 따라 행동하는 것이다. 이에 따라 칸트의 윤리학설은 의무론으로 구분된다. 칸트는 인간은 이성적 존재이고, 의무는 우리의 이성에서 나오는 것이므로, 모든 인간은 동일한 의무를 갖고 모든 인간은 자신의 의무를 알고 있다고 주장했다.

위해 법을 만들고, 비로소 도덕의 주체가 됐다는 칸트의 주장은 도덕의 요점을 제대로 짚어냈다. 그러나 칸트는 이성의 역할을 지나치게 강조한 나머지 도덕의 동력에 대해서는 설명하지 못했다. 이 점이 공자와 맹자의 유가 학설이 칸트의 학설보다 한 발 앞서는 부분이다.

공자 학설의 핵심은 '인(仁)'이다. 인은 사람이 마땅히 지녀야 할 품성으로, 애(愛)·경(敬)·노(怒)로 구분할 수 있다. '애'는 도덕의 동력을 제공하고, '경'은 대인관계에서의 태도이며, '노'는 '내가 하기 싫은 일은 남에게 강요하지 말라(己所不欲 勿施於人)'는 도덕 실천의 방법을 뜻한다. 공자의 인은 도덕의 두 핵심인 배려(愛)와 존중(敬)을 말한다. 맹자는 한 걸음 더 나아가 인을 인간의 본질로 정의하면서 그 유명한 성선설(性善說)을 제시했다.

인은 칸트가 말한 의무와 마찬가지로 내재적인 요구이며, 공자가 '내가 인하고자 하면 인이 이르러 온다(我欲仁, 斯仁至矣)'라고 말한 것처럼 자주성을 갖는다. 이러한 관점에서 볼 때 유가와 칸트가 말한 도덕의 핵심은 바로 자주성이라 할 수 있다. 즉, 스스로 자신을 제어해야만 진정한 인간의 본성이라 할 수 있는 것이다. 예를 들어 우리는 부와 명예를 위해 각고의 노력을 기울이지만, 뜻대로 되는 일은 많지 않다. 그것은 너무나 많은 외부 요인들이 결과에 영향을 미치기 때문이다. 운도 그중 하나다. 하지만 도덕은 다르다. 숱한 어려움이 따르겠지만 그것들은 모두 욕망처럼 내재된 것들이지 외재적인 요인이 아니므로 자신의 노력으로 충분히 극복할 수 있다.

유가에서는 도덕의 자주성과 자강적 의미를 강조해왔지만, 맹자 때에 접어들면서 '의(義)'에 치중하는 경향을 보였다. 성현(聖賢)이 돼야 한다는 도덕적 압박감과 턱 없이 높은 도덕 기준으로 인해 사회로부터 인정받고 싶은 사람들은 점점 허례허식에만 치중했고, 모방하는 데만 열중했다. 이렇다 보니 겉모습은 부합할지언정 내실은 채우지 못한 위군자(僞君子)가 속출했다. 반면, 일부는 오르지 못할 나무는 쳐다보지 않는다는 심정으로 자포자기한 채 소인배를 자처했다.

맹자의 성선설

맹자가 말하길 '인지이어금수자기희(人之異於禽獸者幾希)'라 했다. 사람이 새나 짐승과 다른 점은 극히 적다라는 의미다. 그 작은 차이가 바로 인간이 선(善)을 추구하는 능력, 선과 악을 판단하고 자각하는 능력, 즉, '인심(仁心)'이다. 바로 '성(性)'이 '선하다'는 것이다. 맹자는 '아이가 우물에 빠지려고 할 때(孺子將入於井)'를 예로 들어 인간의 본성이 선하다는 점을 증명했다. 만약 꼬마아이가 우물에 빠지려 한다면, 우리는 측은지심이 발동해 이를 그냥 내버려두지 못한다는 것이다. 이 일이 개인의 기쁨과 슬픔, 이익과 손해와 무관한 데도 말이다.

한편, 맹자는 성선설을 지나치게 강조했다. 이는 금세 도덕적 낙관주의로 변모했고, 결과적으로 인간의 악행을 저지하는 데에는 주목하지 않았다. 서양에도 도덕적 낙관주의가 존재한다. 소크라테스는 어느 누구도 고의로 잘못을 저지르지 않으며, 잘못을 저질렀다면 단지 무지에서 비롯된 것이라고 주장했다. 그는 또 도덕적 식견을 갖춘 인간은 절대 악행을 저지르지 않는다고 덧붙였다. 그렇다면 영화 〈할로우맨〉에 등장하는 투명인간 과학자는 선(善)에 대한 지식이 부족했던 것일까? 이와 같이 과도한 낙관적 도덕 사상은 서양판 '성선설'이라 해도 무방하다.

인간의 본성은 악하다?

—

영화 〈할로우맨〉에서 투명인간에 관한 연구를 하던 한 과학자는 자신의 욕망을 위해 다른 이를 해친다. '욕망'의 본질은 결국 악(惡)인 것일까? 순자는 성악설을 주장했지만 욕망을 꼭 악한 것으로만 여기지 않았다. 단지 주체하지 못해 다툼과 혼란을 초래하는 욕망을 악하다고 봤다. 그래서 순자는 악의 발생 자체를 차단하는 것에 방점을 두고 예를 통해 인간의 욕망을 절제하도록 했다. 순자는 물질적 욕망만을 논했는데, 지나치게 간단한 면이 없지 않다. 그는 물질적 욕망을 이익에 대한 욕망으로 보고, 명예욕과 권력욕도 이 범주에 포함시켰다. 윌리엄 제임스는 명예욕을 인간의 욕망 가운데 가장 심층적인 욕망으로 봤다. 그의 분석에 따르면 부(富)와 권력은 인간의 죽음과 함께 사라지는 반면, 이름은 영원히 남기 때문이다. 반면, 나는 권력에 대한 욕망이 악의 요소를 가장 많이 내포하고 있다. 권력욕은 결국 타인을 지배하고 통제하는 것을 의미하기 때문이다. 명예나 이익을 좇는 것은 굳이 다른 이에게 폐를 끼치거나 희생을 강요하지 않지만, 누군가 권력을 갖는다면 반드시 다른 누군가는 피지배 대상으로 전락할 수밖에 없다.

영화 〈반지의 제왕(The Lord Of The Rings)〉에서도 투명인간으로 변할 수 있는 절대반지가 등장한다. 골룸(스미골)은 악의 군주 사우론의 절대반지를 얻고 난 후, 도둑질과 훔쳐보기 등 온갖 악행을 저지른다. 절대반지를 통해 골룸의 수명은 연장되지만 그의 몸과 마음은 흉측해지고 사악해진다. 《유토피아》 반지와의 차이는 이 절대반지에는 인간을 유혹할 수 있는 능력이 있다는 점이다. 영화의 주인공인 프로도는 단 한 번도 반지를 악용해야겠다는 마음을 품지 않았음에도 불구하고 반지를 갖고 싶은 욕망으로 끝없는 심적 갈등을 겪는다. 프로도는 절대반지를 파괴하기 위해 불의 산으로 향하고, 결국 억누를 수 없는 욕망 앞에 무릎을 꿇고 절대반지를 손에 끼우고 만다. 절대반지는 마치 인간의 사악한 본성인 권력에 대한 욕망과도 같다. 악의 군주 사우론이 세계를 지배하고 싶은 것처럼 말이다.

실화를 바탕으로 한 영화 〈엑스페리먼트(The Experiment)〉 속에
등장하는 과학자는 평범한 사람들을 모집해 교도관과 죄수, 두 그룹
으로 나눠 가상의 교도소 실험에 투입한다. 교도관 그룹이 권력을 이
용해 교도소 내의 질서를 바로잡으려고 하자, 두 그룹 사이에 긴장감
이 감돌더니 점차 적대 관계가 되고 끝내 충돌이 일어나기에 이른다.
가상 교도소는 결국 통제 불능 상태에 빠지고 실험은 강제 종료된다.
권력은 너무나 쉽게 인간의 잔인한 단면을 드러내게 했다.

상술한 분석이 틀리지 않다면 절대반지는 서방 문화의 또 다른 기
원인 기독교의 원죄론과 관련지을 수 있다. 인간은 선천적으로 악하
며, 이익을 위해 누군가를 희생시킨다는 원죄론은 서양판 '성악설'이
라 할 수 있다. 악을 내재된 것으로 보는 원죄론은 순자의 이념보다
한층 더 성악설스럽다.

물론 인간은 선(善)을 추구한다. 하지만 동시에 사악함도 갖고 있다. 다시 말해 인간이란 천사와 악마의 결합체다. 유가는 도덕의 자주성을 강조했지만, 인간의 악행을 잠재우지는 못했다. 이에 반해 기독교의 원죄론은 인간의 사악한 본성을 직시한다. 그렇다면 서양의 인권 사상은 바로 기독교의 원죄론에서 출발한 것이 아닐까?(물론 원죄론이 인권사상을 내포한다는 의미는 아니다.)

인류의 역사를 거슬러 올라가 보면 자연재해 이외에 인간이 겪은 고통의 상당 부분은 폭군이나 독재정부로 인한 것이었다. 중국의 역대 황제들은 말 한마디로 구족을 멸하고, 무고한 백성들의 목숨을 빼앗았다. 인권은 이러한 인류의 악행을 막기 위한 노력의 산물이다. 영국은 일찍이 1215년 〈대헌장〉을 통해 군주의 권력을 제한했는데, 이때부터 인권에 대한 각성이 있었다고 볼 수 있다. 그리고 17세기에 접어들면서 영국의 존 로크가 인권이라는 개념을 정식으로 제시했다.

스티븐 스필버그 감독의 영화 〈쉰들러 리스트〉가 던지는 메시지는 무엇일까? 그것은 바로 제2차 세계대전 당시 나치의 폭력, 아우슈비츠 수용소에서의 자행했던 유태인 학살이다. 영화를 본 관객들은 모두 깊은 감동을 받았을 것이다. 스티븐 스필버그 감독의 또 다른 작품인 〈더 라스트 데이즈(the last days)〉는 다섯 명의 헝가리 국적 유태인이 죽음의 공포로 가득 찬 나치의 손아귀로부터 탈출하는 과정에서 나타나는 심리 변화를 묘사했다. 세계는 나치의 만행을 통해 비로소 인권의 중요성을 인식했다. 종전 직후 설립된 유엔을 통해 인권 선언의 초안을 마련하고 뒤이어 인권선언문을 발표했다. 인간은 존엄한 삶을 위해 인간에게 불필요한 고통(인위적인)을 제거해야 하고, 이러한 고통을 제거하기 위해 〈기본 인권〉을 보장받아야 한다.

권리와 도덕

자유주의는 본래 정치 철학의 한 갈래로, 자유와 기본적인 권리를 중시한다. 어느 누구라도(정부를 포함해서) 우리의 기본적인 권리를 침해한다면 도덕적으로 옳지 않다. 그러므로 자유주의는 광의적 개념에서 권리에 기반을 둔 윤리학이라 볼 수 있다. 밀이 주장한 무위해성의 원칙(no harm principle)*이 바로 자유주의의 기본 원칙이다. 그러나 도덕적 기준으로서 무위해성의 원칙은 '죽이지 말라', '해를 입히지 말라', '도둑질 하지 말라', '거짓말 하지 말라' 등 최소한의 도덕적 기준은 제시할 수 있으나 '다른 이를 도와줬야 한다', '진실만을 말해야 한다' 등의 적극적인 도덕 원칙을 제시하는 데는 한계가 있다.

* 다른 사람에게 해가 되지 않는 한 어떤 이유로도 개인의 자유를 침해할 수 없다는 원칙─옮긴이

인간은 왜 악행을 저지르는 것일까? 앞에서 이미 두 가지 원인을 제시했다. 한 가지는 소크라테스가 말한 바와 같이 일부 사람들이 옳고 그름을 모르는 무지로 인해 잘못을 저지르는 것이다. 그러나 어떤 경우에는 도덕적 원칙이 적용되는 상황에 대한 이해의 부족으로 인해 문제가 발생하곤 한다. 예를 들어 다른 학생들이 공부하는 데 지장을 줄 수 있다는 사실을 모르고 수업 중에 밥을 먹는 행위를 들 수 있다.

또 다른 한 가지 원인은 일부 인간의 본성이 사악하기 때문이다. 영화 〈짚의 방패〉에 등장하는 살인마 기요마루는 형을 받기 직전까지도 '그 아이만 죽인 것을 진심으로 후회한다!'라고 말한다. 이처럼 인간의 본성은 사악하다.

이 밖에도 두 가지 원인을 더 꼽을 수 있다. 우선 의지박약이다. 어떤 이들은 시시비비를 분명히 가릴 줄 알면서도 도덕과 이익의 충돌에서 끝내 이익의 유혹에 이끌리거나 주변의 부추김에 악행을 저지

악행의 4대 원인

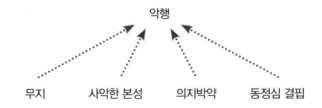

른다. 모두 의지박약의 산물이다. 다른 한 가지 원인은 동정심의 결핍이다. 흄(David Hume)은 동정심이야말로 도덕적 행위의 최대 동력이라고 봤다.

결론

—

　'왜 도덕이 필요한가?'라는 문제에 대해 나는 아래의 세 가지 단계로 구분해 답을 제시하고자 한다. 첫째, 도덕을 위배했을 경우 처벌 받을 가능성이 높다. 둘째, 우리는 도덕 규칙을 준수함으로써 안정된 환경에서 서로 협력해 각자의 이익을 도모할 수 있다. 셋째, 도덕적인 사람이 된다는 것은 일종의 자아실현으로, 정신적인 쾌락을 맛볼 수 있다.

　투명인간으로 변신시켜주는 절대반지가 지닌 진정한 의미는 무엇일까? 그건 아마도 대다수가 도덕적일 수 있는 것은 단지 그러한 반지를 손에 쥐지 못해서이기 때문이라는 것을 알려주는 게 아닐까? 이 절대반지는 우리의 도덕적 소양을 테스트하는 것일지도 모른다. 우리가 악행을 저지르지 않고 살아갈 수 있는 것은 법률이나 다른 이의 시선과 같은 외재적 제약이 존재하기 때문이다. 이러한 측면에서 외부의 시선 없이 홀로일 때 더욱 삼가고 몸가짐을 바르게 하라는 유가의 '신독(愼獨)'은 참으로 일리가 있다.

실제로 도덕 함양에 있어 환경은 매우 중요하다. 맹자는 '일정한 생업이 없이도 올바른 마음가짐을 지닐 수 있는 것은 군자만이 가능한 일이며, 백성은 일정한 생업이 없으면 올바른 마음가짐을 지니지 못한다(無恒產而有恒心者, 惟士爲能. 若民, 無恒產因無恒心)'라고 말했다. 이처럼 대부분의 사람들은 먹을거리와 입을 거리가 충족되고서야 비로소 영욕과 치욕을 생각하기 마련이다. 인간은 분명 선(善)을 추구할 수 있지만, 그러나 자신의 이익에 치우치는 경향이 강하다. 따라서 인간의 선한 본성을 올바른 방향으로 이끌고 공정한 제도를 수립해 인간관계에서 발생하는 이익 갈등을 해결하는 것이 중요하다. 자유주의 사회에서 인간은 공정한 경쟁을 통해 이익을 추구하면서 사회 질서를 유지해 나갈 수 있다. 이로 말미암아 좀 더 나은 환경에서 잠재된 도덕적 소양을 마음껏 발휘할 수 있다. 이 점이 바로 내가 자유주의를 유가보다 한수 위라고 평가하는 까닭이다.

죽음

어느 날인가 아버지 친구분들과 담소를 나눌 기회가 있었다. 그중 한 분이 내가 돈을 모으지 않고 여행을 다니는 것이 못내 마음에 들지 않으셨던지 이렇게 말씀하셨다.

　"미래에 대한 계획은 세우고 돈을 쓰고 다니고 있는 겐가? 노후도 생각해야지."

　나는 "사람이 꼭 늙지는 않지만 죽음은 피할 수 없습니다. 저는 사후를 고민하고 있어요. 벌써 여러 해가 됐습니다."라고 대답했다.

　친구분은 내 말에 너무 당황하셨는지 더 이상 말을 잇지 못하셨다. 하지만 그의 표정에서 그가 얼마나 죽음을 외면하고 싶어 하는지 알 수 있었다.

　중국인들은 죽음이란 단어를 매우 기피한다. 어릴 적 집에서 노래를 부르다 가사 중에 '죽음(死)'이란 단어가 포함돼 있다는 이유로 아버지에게 쥐어 박힌 일이 있었다. 중국인들은 죽음이란 단어를 입에 올리기 싫어하는데, 그 이유는 아마도 유가 사상의 영향을 받았기 때문일 것이다. 공자는 '사는 것도 알지 못하는데 어찌 죽음을 알겠는가?(未知生, 焉知死)'라고 말하지 않았던가? 공교롭게도 내 생각은 정반대다. '죽음을 알지 못하는데 어찌 삶을 안단 말인가'. 삶과 죽음은 인생의 중대사다. '삶과 죽음이 가장 큰 일인데 덧없는 세월만 빨리 간다(生死事大 無常迅速)'는 말이 있다. 나는 죽음에 대해 진지하게 고민해야만 더욱 의미 있는 인생을 살 수 있다고 생각한다.

죽음의 공포

—

영화 〈굿 바이(Good & Bye)〉의 주인공인 유명 첼리스트는 자신이 몸담고 있던 오케스트라가 해산하면서 생업을 잃고 전전하다 고향으로 돌아간다. 그가 찾은 새 직업은 다름 아닌 납관사다. 그러나 그는 아내에게 시신을 닦고, 화장해 입관하는 이 일에 대해 차마 얘기할 수 없었다. 얼마 후 사실을 알게 된 아내는 이 '구역질나는' 일을 그만둘 것을 요구한다. 아내의 반응은 일반 사람들의 생각을 대변한다. 그 배후에는 바로 죽음에 대한 공포가 존재한다. 이러한 공포 때문에 우리는 죽음과 연관된 일들을 '경시'하게 된다. 결국 영화 말미에 아내는 이 일에 대한 주인공의 진심과 망자를 대하는 태도를 보면서 그를 이해하고 받아들인다.

인간이 죽는다는 것은 누구나 알고 있는 사실이다. 그러나 대다수는 죽음을 대수롭지 않게 여긴다. 하이데거의 말처럼 우리는 마치 죽음이 나와는 무관한 일인 듯, 다른 이의 죽음만을 얘기한다. 하이데거는 '인간은 죽음에 이르는 존재'라고 주장했다. 즉, 임종을 앞둔 사람처럼 죽음이 임박했다고 생각하고 이를 직시해야 한다는 것이다. 나는 삼단논법에서조차 '인간은 죽는다'는 사실을 상기시켜주고 있는 고대 그리스 학자들이 존경스러울 따름이다.

모든 사람은 죽는다.
소크라테스는 사람이다.

그러므로 소크라테스는 죽는다.

하지만 자신이 언젠가 이 세상을 떠난다고 진지하게 생각하는 순간, 죽음의 공포가 물밀듯이 밀려올 것이다. 아마도 이 점이 대부분의 사람들이 죽음에 대해 생각하기를 기피하는 원인이지 않을까 싶다. 나 또한 어릴 적(예닐곱 살쯤) 사람이 죽는다는 사실을 알고 난 후 '어차피 죽을 건데 왜 태어난 거야?'라며 울음을 터트린 적이 있었다. 나는 이때 처음 죽음의 공포를 느꼈다.

실화를 소재로 한 영화 〈데드 맨 워킹(Dead Man Walking)〉 속의 사형수는 수녀에게 변호사를 통해 항소를 제기해달라고 요청하지만 실패로 끝난다. 7일 후면 형장의 이슬이 될 운명이다. 남은 168시간 동안 사형수는 죽음의 고통과 마주하고, 수녀는 임종 전까지 그의 곁을 지킨다. 사형수는 진심으로 참회하고 피해자 유족에게 용서를 구한다. 우리가 죽음을 두려워하는 이유는 죽음이 불가에서 말한 것처럼 인생의 4대 고통 중 하나를 동반하기 때문이다.

죽음은 과연 어떤 고통을 가져올까? 두 가지 고통으로 나눠볼 수 있다. 첫째, 죽음에 이르는 과정에서 느끼는 고통이다. 특히 불치병 환자는 너무 큰 고통을 감내해야 한다. 둘째, 내가 어릴 적에 생각했듯이 자신의 의식이 사라지면서 더 이상 '존재하지 않게 되는 것'에 대한 두려움이다. 물론 신앙을 가진 사람들은 사후에도 우리의 영혼은 어떤 형태로든 영원히 존재할 것이라 믿는다. 하지만 그렇다고 해서 죽음에 대한 공포를 불식시킬 수는 없다. 사후에 처음 가본 곳에서 느낄 낯선 공포만큼 끔찍한 고통이 어디 있겠는가? 난 여행을 좋아하지만 여전히 낯선 곳에선 두려움을 느낀다. 그래서 여행을 떠날 때마다 조금이나마 두려움을 줄여보고자 현지의 가이드북을 챙기곤 한다. 그렇다면 사후세계의 '가이드북'은 어디서 찾을 수 있을까? 아마도 종교에서일 것이다. 그러나 종교마다 그리는 사후세계의 지형도는 다르다. 과연 어느 것이 정답일까?

고대 그리스 철학자이자 유물론자인 에피쿠로스는 사후세계를 믿지 않았다. 그는 인간은 단지 원자의 조합이며, 죽음은 원자의 분리일 뿐이라고 강조했다. 그의 주장에 따르면 인간은 근본적으로 죽음

에피쿠로스의 유물론

기원전 4세기 아테네에서 학파를 만든 에피쿠로스는 영혼이 평온한 지속적인 쾌락을 추구해야 한다고 주장했다. 데모크리토스의 세계관을 계승한 그는 만물은 모두 원자로 구성돼 있고, 죽음은 단지 원자의 해체이며, 이때 인간은 감각이 없어지므로 죽음에 대해 두려워할 필요가 없다고 봤다. 그는 원자의 운동은 일정한 규칙이 있는데, 쾌락도 일정한 조건이 필요하며 그 조건에 부합해야만 지속적인 쾌락을 누릴 수 있다는 논리를 폈다. 그의 논리에 따르면 자애, 성실, 공정, 우의 등의 조건이 만족돼야만 인간의 영혼은 평온을 찾을 수 있다.

을 두려워할 필요가 없다. 왜냐하면 우리가 살아 있다면 아직 죽음에 이르지 않은 것이고, 죽음에 이르렀다면 우리는 더 이상 존재하지 않기 때문이다. 그렇다면 유물론은 죽음에 대한 우리의 공포를 말끔히 잠재울 수 있을까?

과거 나는 공포 영화를 꽤 즐겨 봤다. 특히 보고 난 후 마음속의 공포를 비워낼 수 있는 귀신영화를 좋아한다. 그 이유는 죽음에 대한 두려움과 함께 마음속에 쌓여 있던 온갖 두려움을 한방에 날려 버릴 수 있었기 때문이다. 여기서 나는 새로운 사실을 발견했다. 귀신이 두려운 이유는 죽음이 두렵기 때문이라는 점이다. 이를 토대로 '만약 내가 죽음을 두려워한다면, 나는 귀신을 두려워할 것이다.'라는 명제를 제시해볼 수 있다. 예전에 살았던 펑저우라는 작은 섬에는 묘지가 있었다. 당시 나는 저녁마다 산책을 즐겼는데, 한 번은 내가 죽음을 두려워하지 않는다는 것을 증명해 보이고 싶었다. 위의 명제에 따라 나는 스스로 귀신에 대한 공포를 시험해보기 위해 묘지 산책을 계획했다. 논리 구조는 다음과 같다.

만약 내가 죽음을 두려워한다면 귀신도 두려워할 것이다.
나는 귀신이 두렵지 않다.

그러므로 나는 죽음이 두렵지 않다.

이는 부정 논법(Modus Tollens)*이다.

그러나 묘지로 오르는 길에서 나는 차마 두 걸음도 떼지 못한 채 '다리에 힘이 풀려'버리고 말았다. 지레 겁을 먹고 내 뺀 꼴이 아니겠는가? 하지만 귀신을 무서워한다고 꼭 죽음을 두려워하는 것은 아니다. 왜냐하면 아래의 논증은 후건 긍정의 오류(fallacy of affirming the consequent)*를 범하고 있기 때문이다.

> 만약 내가 죽음을 두려워한다면 귀신도 두려워할 것이다.
> 나는 귀신이 두렵다.
> --
> 그러므로 나는 죽음이 두렵다.

죽음과 귀신은 사람들의 마음속에 늘 붙어 다닌다. 디킨스(Charles John Huffam Dickens)의 소설을 각색한 영화 〈크리스마스 캐럴(Scrooge)〉 속 선량한 유령은 주인공을 찾아가 죽음의 진상을 알리고 참회할 기회를 준다. 외로운 갑부인 주인공은 다른 이에 대한 연민이나 배려는 물론 자신의 유일한 가족에게도 매정하기 그지없다. 일생 동안 돈만 바라보며 살아왔지만, 유령은 두렵기만 하다. 이는 죽음

---

* '만일 p이면 q이다.' 에서, 'q가 아니다. 그러므로 p가 아니다.' 라는 형태의 타당한 논항—옮긴이
* 후건 긍정 추리에서 전건 긍정을 타당한 결론으로 받아들이는 오류—옮긴이

에 대한 그의 공포심을 보여준다. 하지만 자신의 죽음이 눈앞에 다가온 상황에서 자신도 동료처럼 지옥에 떨어질 거란 사실을 알고는 진심으로 지난날을 반성하고 주변에 도움의 손길을 내민다. 이후 그는 좀 더 의미 있는 인생을 살아가게 된다.

죽음의 의미

—

영화 〈데드 맨 워킹〉과 〈크리스마스 캐럴〉은 공통적으로 죽음을 통해 회개와 반성의 기회를 주고, 죽음의 의미를 돌아보게 한다. 구로사와 아키라가 감독의 영화 〈살다〉는 이 주제를 심도 있게 다뤄 관객에게 깊은 울림을 전했다.

홍콩 버전 〈살다〉의 주인공도 눈앞으로 다가온 죽음에 직면해서야 비로소 자신의 인생을 되돌아본다. 주인공 와타나베는 원로 공무원이다. 일에도 가정에도 큰 의미를 두지 않고 하루하루 그저 되는 대로 살아온 그는 시한부 선고를 받고 나서도 그저 편안히 여생을 보내려고만 한다. 그러던 어느 날 한 젊은 동료의 일침에 죽기 전까지 무언가 의미 있는 일을 해보리라 결심한다. 바로 주민들의 오랜 숙원 사업이었던 공원을 조성해주는 일이었다. 때때로 어려움도 있었지만, 그는 결국 공원을 완성한다. 그의 장례식에서 이 얘기를 전해들은 동료들은 그의 변화에 놀라움을 감추지 못하며 큰 감동을 받았고, 심지어 그를 본보기로 삼겠다고 나선다. 하지만 이러한 변화는 안타깝게도 잠시뿐, 그들은 금세 예전의 모습으로 돌아가고 만다.

영화는 우리에게 죽음에 직면했을 때 비로소 반성의 기회가 찾아온다는 메시지를 전한다. 문제는 우리가 언젠가는 죽는다는 것은 알지만 도대체 그때가 언제인지를 모른다는 사실이다. 다른 이의 죽음은 분명 각성 효과가 있다. 하지만 그마저도 잠시일 뿐이다. 와타나베의 동료들이 과거의 타성에 젖어 얼마 되지 않아 본모습으로 돌아갔듯이 말이다. 죽음이 임박했음을 알았을 때에는 이미 늦었다. 만약 모든 사람이 세상과 작별할 때를 안다면 좀 더 적극적으로 인생을 살아가지 않을까?

몇 년 전에 봤던 〈이키가미(イキガミ)〉라는 영화 속에서 일본은 '국가 번영유지법'을 만들어 모든 미취학 아동을 대상으로 예방 접종을 한다. 이 주사의 1,000개 중 1개에는 18~24세 사이가 되는 특정일에 폭발해 죽음에 이르게 만드는 나노캡슐이 들어 있다. 하지만 누가 그 주사를 맞는지는 아무도 모른다. 단, 죽기 24시간 전 사망 통지문을 받게 된다. 이 법률의 목적은 사망에 대한 공포를 조장해 생명의 소중함을 일깨우고, 열심히 일해 쓸모 있는 사람이 되도록 유도하는 데 있다. 더 나아가 범죄율과 자살률을 낮추자는 취지도 있다.

마침내 공원이 완성됐군,
이제 안심하고 떠날 수 있겠어!

　어떤 철학자는 죽음이 있기에 인생에 의미를 부여하고, 생명을 소중함과 가치를 깨닫고 인생의 목표를 위해 열심히 살아간다고 말한다. 만약 당신에게 남은 시간이 고작 며칠이라면, 잡담이나 하면서 시간을 보내겠는가? 아니면 가식적인 인사치레를 하겠는가? 혹은 쓸데없는 주변의 평가에 휩쓸리겠는가? 분명 가장 가치 있는 일을 찾아 나설 것이다. 누구나 죽음 앞에선 진지해지고, 내재돼 있는 선한 본능을 분출하기 마련이다.

　물론 불치병에 걸렸거나 극도의 불행을 겪고 있는 사람에게는 생존이 고통스러운 일이 아닐 수 없다. 그들에겐 오히려 죽음이 일종의 해방구일지도 모른다. 이 또한 죽음의 다른 의미다. 하지만 부와 권력, 명예가 있는 사람이라면 죽음은 일종의 테스트다. 일부 사람들은 장생불사를 꿈꾸기도 한다. 목적은 바로 권력과 부, 명예를 유지하고픈 욕심에서다. 진시황제가 그런 사람이었다. 하지만 오래 사는 것도 불행일 수 있다. 영화 〈뱀파이어와의 인터뷰(Interview with the Vampire)〉는 기자와 뱀파이어의 인터뷰를 중심으로 흘러간다. 기자는 뱀파이어의 얘기를 듣고 난 후, 그들의 생활을 동경하며 자신도 뱀파이어의 세계에 입성하고 싶어 한다. 하지만 사실 뱀파이어는 이 인터뷰를 통해 뱀파이어의 애달픈 숙명을 얘기하고자 했다. 마지막엔 결국 기자도 뱀파이어가 되는데, 이는 그의 욕망에 대한 응징이라 볼 수 있다.

앞에서 다룬 영화 〈굿바이〉는 사실 죽음을 조명하는 영화다. 주인공은 납관사라는 직업을 통해 죽음을 대하는 태도를 배우게 된다. 영화는 강을 거슬러 올라가 알을 낳고, 태어난 곳으로 돌아와 죽는 연어를 통해 삶과 죽음은 자연의 순리일 뿐 가슴 아픈 일이 아니라는 것을 말하고 있다. 이는 장자의 '삶과 죽음은 매한가지다'라는 말과

기독교의 죽음관

죽음은 원죄에 대한 대가다. 진실한 마음으로 하느님을 믿어야만 영혼이 구원받을 수 있고 사후에 영원한 삶을 보장받을 수 있다. 생전에 악행을 저질렀다면 최후의 심판을 받아 지옥에서 시련을 겪게 된다. 하지만 최후의 심판을 받기 전, 사후에 인간은 먼저 천당, 지옥, 지부 등과 같은 각기 다른 세계를 겪게 된다.

장자의 생사관

장자는 인간의 몸은 만물과 같이 기(氣)로 형성돼 있으며, 삶과 죽음은 단지 만물의 흐름이라 했다. 즉, '사람은 기가 모여 태어나는데, 기가 모이면 생명이 되고 흩어지면 죽는다(人之生, 氣之聚也, 聚則爲生, 散則爲死)'라는 의미다. 만물 일체라는 도리를 명백히 하면 자연의 변화에 순응할 수 있게 되므로 평온한 삶을 살게 된다. 그러면 슬픔과 즐거움이 끼어들지 않으니 더 이상 즐거운 삶과 나쁜 죽음이란 없다. 죽음이란 결국 회귀하고, 근원으로 돌아가는 것을 의미한다.

결을 같이 한다. 삶은 죽음의 시작이고, 죽음은 삶의 끝이다.

죽음의 의미를 설명하면서 위 세 편의 일본 영화를 제시한 것은 우연이 아니다. 일본 문화는 죽음을 중시한다. 이는 무사도 정신과 무관하지 않다. 무사도를 대표하는 벚꽃은 세상 어떤 꽃보다도 조밀하게 꽃을 피워내지만, 금세 지고 만다. 일주일 남짓이나 될까? 다시 말해 벚꽃이 가장 흐드러지게 피었다는 것은 시들 시간이 다가왔다는 의미다. 무사의 죽음은 이처럼 쓸쓸하고도 비장하다. 일본 얘기를 하는 김에 마저 하면, 많은 이들이 일본의 국화(國花)를 벚꽃으로 알고 있지만, 사실은 국화(菊花)다. 일본 여권 표지의 도안이 바로 국화이며, 일본 문화를 연구한 명저 《국화와 칼》도 국화의 대표성을 잘 드러내고 있다.

생전과 사후

—

우리가 죽음에 대한 공포를 느끼는 이유 중 하나는 사후에 어떻게 되는지 알 수 없다는 불확실성 때문이다. 사후에 대해 가장 활발한 논의를 나누는 곳을 꼽으라면 '종교계'를 가장 먼저 떠올릴 것이다. 종교는 다른 세계(사후)의 관점에서 우리의 행위를 인도한다. 이 또한 윤리학의 중요한 갈래다. 특히 불교의 경우 죽음(사후 포함)에 대해 전방위적으로 접근한다.

불가에선 사후에 영혼이 육체를 떠나고 생전에 한 일들을 근거로 육도(六道)세계를 윤회한다고 본다. 소위 '인과응보'다. 다시 본론으로 되돌아가보자. 우리는 이미 자신도 모르게 여러 차례의 윤회를 겪었다. 단지 환생했을 때 '무지의 막'이 덧씌워져 전생의 기억을 잃었을 뿐이다. 영화 〈무적의 소림 쿵푸 마스터(Running On Karma)〉

는 '모든 걸 내려놓고, 업보만 갖고 간다.'라는 말로 홍보를 했다. 사람이 죽고 난 후 부와 권력, 명예 등은 아무 소용이 없다. 내세의 행방을 결정하는 것은 '업보'뿐이다. 즉, 인과응보란 뜻이다. 좋은 일은 좋은 결과를 낳고, 악한 일은 악한 결과를 낳는다. 영화 속 주인공 거인(유덕화)은 본래 수도승이었다. 하지만 '인과(因果)*'를 보는 능력을 갖게 되면서 더 이상 수도 생활을 할 수 없어 속세로 되돌아온다. 거인은 어느 날 홍콩에서 여주인공인 이봉의(장백지)라는 경찰을 만나고 그녀가 곧 비명횡사할 운명임을 알아차린다. 그녀는 전생에 일본군으로 전쟁에 참여해서 많은 이를 죽인 업보로 현세에서 벌을 받게 된 것이다. 현세의 그녀는 정직하고 선량하기 그지없는 사람이었기에 거인은 그녀를 구하기 위해 노력한다. 하지만 결국 그녀는 전생의 업보 때문에 죽음을 맞이하게 된다. 이봉의는 자신이 곧 전생의 업보로 벌을 받게 된 것을 알고, 이러한 인과를 치러야 하는 것이 과연 공평한지에 대한 의구심을 품게 된다. 그녀는 자신이 전생에 무슨 짓을 했는지 알 수 없지 않은가? 그럼에도 이번 생애까지 벌이 이어지다니…. 불합리하다는 그녀의 생각에도 일리가 있다. 예를 들어 범죄를 저지르고 기억을 잃는다면 법률적인 처벌을 피할 수도 있지 않은가? 게다가 그녀의 의구심은 또 다른 철학적인 문제를 끄집어낸

---

* 선악의 업에 따라 그에 해당하는 과보(果報)를 받는 일-옮긴이

다. 바로 동일성의 문제다. 수차례 윤회를 거듭하면서 그 사람이 동일한 하나의 주체인지 어떻게 판단한단 말인가? 이 또한 나를 고민에 빠뜨리는 문제다. 이 문제는 '자아'편에서 고민해보자.

불가의 정의에 따르면 영혼이 육체를 떠나야만 진정한 죽음이라고 본다. 기(氣)의 흐름이 끊기고 나서 최소한 하루의 시간이 지난 후에 영혼은 비로소 육체를 떠나게 된다. 이 시간 동안 인간은 죽었다가 다시 살아날 수도 있다. 중국은 전통적으로 사람이 죽은 후 하룻밤을 지켜, 망자가 '부활'하는 것을 방지했다. 또 이 시간 동안에는 단지 표현만을 못할 뿐, 의식과 지각이 있다고 여겼다. 현대 의학은 뇌사를 죽음으로 규정하는데, 그 원인 중 하나는 장기가 제역할을 수행할 때 이식하기 위함이다. 하지만 만약 죽음에 대한 불가의 관점이 틀리지 않다면 이 시간 동안 이뤄지는 장기이식은 당사자에게 크나큰 고통을 안겨줄 수 있다. 그의 의식은 아직 육체에 머물러 있으니 말이다. 설령 그가 사후 장기 기증을 원했다고 하더라도, 이러한 고통은 예상하지 못했을 것이며, 어쩌면 이에 대해 노여워했단 이유로 지옥에 떨어질지도 모른다.

이러한 관점에서 사후의 장기 기증은 더 큰 불행을 가져올 수도 있다. 하나는 기증자가 겪는 장기 적출의 고통이고, 다른 하나는 수혜자에게 기증자의 영혼이 빙의되는 현상이다. 장기이식을 하는 과정에서 기증자의 영혼이 수혜자의 몸에 붙어, 장기거부 반응 혹은 이중 인격의 문제를 낳을 수 있다. 영화 〈디 아이(The Eye)〉의 주인공(이심결)은 어릴 적 시력을 잃었지만 각막 이식 수술을 받아 광명을 되찾는다. 하지만 무서운 일들이 잇따르고 시도 때도 없이 귀신이 보인다. 조사 결과 이식 받은 각막이 자살한 사람의 것이었음이 드러나면서 그간 기이한 장면들이 보였던 이유가 바로 망자의 영혼이 그녀에게 빙의됐기 때문이었음이 밝혀진다. 이심결은 또 기증자가 목을 매 자살하는 장면을 보면서 자신도 모방하려 하는데 이러한 행동을 이른바 '대리인 찾기'라고 한다. 하지만 나는 그렇게 생각하지 않는다. 한 사람을 죽여 대리인을 삼는다고 한들 이미 죽은 사람이 어떻게 되살아날 수 있단 말인가? 그보다는 자살을 선택한 영혼이 '길동무'를 찾고 있는 게 아닐까 싶다. 소위 '자살 명소'들이 존재하는 이유도 바로 이 때문이 아닐까?

죽음이 영혼이 육체를 떠나는 것을 의미한다면, 삶이란 영혼이 육체로 들어가는 것을 뜻한다. 그렇다면 영혼은 언제 육체로 들어갈까? 혹자는 태어날 때라고 하고, 또 다른 누군가는 난자와 정자가 결합할 때라고 한다. 나는 수정되고 나서 9주 후라고 생각한다. 만약 영혼이 존재한다면 이는 윤회의 주체일 뿐만 아니라 인간의 본질이다. 다시 말해 영혼이 육체로 들어가기 전 태아는 인간이 아니지만, 영혼이 육체로 들어간 후의 태아는 인간이다. 이 시기의 낙태 행위는 살인과 다르지 않다. 영화 〈귀역(鬼域, Re-cycle)〉의 주인공(또 이심결이다.)은 꿈 속에서 영혼세계를 거닐다 과거 자신이 낙태한 여자아이를 만난다. 본래 낙태로 죽은 영혼들은 한 곳에 모여 자란다. 이 영화 속 이 얘기는 일정 부분 근거도 있어 터무니없다고 단정짓기 어렵다.

불가에선 인생의 4대 고통을 생(生)·노(老)·병(病)·사(死)라고 했다. 죽음의 고통은 앞에서 얘기했다. 늙는다는 고통과 병으로 인한 고통도 설명하지 않아도 될 듯하다. 남은 것은 삶의 고통이다. 누군가는 이를 생존의 고통이라 이해하는 데, 이 말은 그리 적합하지 않다. 생존에는 늙고, 병들고, 죽음을 맞이하는 고통이 다 포함되지 않는가? 내가 생각하는 삶의 고통은 태어날 때의 고통이 아닐까 싶다. 그 이유는 플라톤이 말한 것처럼 태어나기 전 영혼은 자유롭게 진실세계를 누비지만, 태어나면서부터 많은 제약 속에 갇히게 된다. 이러한 의미에서 플라톤은 '육체는 영혼의 감옥이다.'라고 말했고, 불가에선 '불가집착(不可執著)'이라고 한다. 죽음을 목전에 둔 사람에게 특히 중요한 말이 아닐 수 없다. 만약 이승의 모든 것에 집착한다면 사후의 영혼은 순조롭게 실상세계(實相世界)*로 돌아갈 수 없다.

---

* 시공간을 초월하는 세계, 하늘왕국—옮긴이

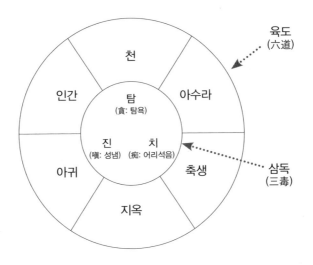

육도
(六道)

천

인간

아수라

탐
(貪: 탐욕)

진　　　치
(嗔: 성냄)　(痴: 어리석음)

삼독
(三毒)

아귀

축생

지옥

불교의 생사윤회(生死輪回)

불교에선 사후에 영혼이 육체를 떠나 육도(六道)세계에서 환생하며, 그 기준은 생전의 업보다. 만약 덕을 많이 쌓았다면 천(天)·인간·아수라(阿修羅)의 세계에서 환생하고, 악행을 저질렀다면 축생(畜生)·아귀(餓鬼)·지옥(地獄)의 세계에서 환생한다.

자살은 용납될 수 있는가?

—

　실존주의자인 카뮈(Albert Camus)는 진정한 철학적 문제는 단 한 가지, 바로 '자살'이라고 지적했다. 부조리한 세상과 인생 앞에서 사는 게 아무런 의미가 없는데 왜 죽음으로 끝내서는 안 되는 걸까? 카뮈는 자살은 도피일 뿐이라고 했다. 그는 인간은 이 부조리함을 반드시 이겨내고, 자신의 결정에 따르는 책임을 지며 진실한 사람이 돼야 한다고 말했다. 그러나 자살도 선택이 아닌가? 용납될 수 없는 이유는 무엇인가?

　자살은 크게 '자신을 위한 자살'과 '타인을 위한 자살'로 나눠볼 수 있다. 전자는 개인의 고통과 번뇌 때문이고, 후자는 다른 이를 위한 희생 때문이다. 일반적으로 전자는 비난을 받고, 후자는 칭송을 받는다. 동명의 원극(元劇)을 각색한 영화 〈천하영웅(Sacrifice)〉 속 조

씨 일가는 몰살당하고, 아들만 겨우 목숨을 부지해 고아가 된다. 영화에선 반대 세력으로부터 고아가 된 이 아이를 지키고자 세 사람이 연이어 자살하는 모습이 그려진다. 바로 타인의 위한 자살이다.

자살을 자신을 위한 것과 타인을 위한 것 두 가지로만 구분하기엔 다소 무리가 있다. 그 중간의 형태도 존재한다. 예컨대 일본인들의 할복(割腹)이 그러하다. 무사들이 명예를 위해 배를 가르고 생을 마감하는 할복은 표면적으로는 자신을 위한 자살인 듯하지만, 그 명예는 개인뿐만 아니라 가족과 국가의 것이기도 하다. 그래서 일본의 전통사회에서는 할복을 높이 평가했다. 이는 충성과 용기의 표현으로, 이러한 품성을 널리 알리는 것은 사회의 안정에 이바지하고, 고인에 대한 평가에도 도움이 된다. 일본 문학계의 거장 미시마 유키오(三島由紀夫)도 할복을 선택했다. 1970년 그는 돌격대*를 이끌고 일본의 자위대 본부*를 공격했다. 당시 군인들에게 현재의 젊은이들이 즐길 줄만 알고 국가를 위한 희생정신은 잊었다고 훈시하고는 그 자리에서 할복함으로써 많은 이들을 일깨우고자 했다. 같은 맥락에서 강에 투신한 굴원(屈原)*의 자살도 높이 평가할 수 있다. 물론 단오절*

---

* '다테[楯:방패]의 회' 회원 4명-옮긴이
* 육상 자위대 동부 방면 총감부-옮긴이
* 중국 전국 시대 초(楚)나라 사람. 정치가이자 중국 역사상 최초의 시인으로, 우국우민의 설움에 북받치는 마음으로 파도가 출렁이는 멱라(汨羅) 강에 몸을 던져 자결함.-옮긴이
* 굴원이 멱라 강에 투신해 죽은 날이 음력 5월 5일 단옷날인데, 중국에서는 이 날을 문학의 날로 기림.-옮긴이

이 휴일이어서가 아니라, 굴원 또한 자신의 죽음으로 초나라를 각성시키고자 했기 때문이다.

왜 자살은 잘못된 것일까? 여기에는 세 가지 이유가 있다. '책임논증', '재산논증', 마지막으로 '불가논증'이다.

아리스토텔레스는 인간은 사회적 책임을 지므로 자살은 책임 회피라고 지적했다. '책임논증'이다. 왜 인간은 사회적 책임을 져야 하는가? 이는 인간이 사회의 혜택을 입고 살기 때문이다. 사회가 없다면 개인의 삶에 어려움이 따른다. 설령 삶이 지속되더라도 효과적이고 격조 있는 생활은 꿈꿀 수 없다. 사회가 없다면 교육의 기회도, 자신의 잠재력을 발현할 직장도 찾을 수 없다.

소크라테스는 다른 버전의 '책임논증'을 제시했다. 이는 옥살이에 비유한 논증으로 '감옥논증'이라고도 한다. 영혼이 이 세계에 들어오는 것은 감옥에 수감되는 것이며, 죽음은 형이 만기돼 출소하는 것을 의미한다. 자살은 그럼 무엇에 빗댈 수 있을까? 탈옥이다. 책임지지 않는 것이다. 그러므로 잘못된 행동이다.

'재산논증'은 기독교의 전통에 포함된다. 기독교에선 우리의 생명은 조물주의 은혜이며, 우리 자신이 아닌 조물주의 소유라고 본다. 인간은 생명의 관리자에 불과하다. 그러므로 인간은 절대 자살이라는 선택을 할 수 없고, 조물주만이 그 생명을 앗을 권리가 있다. 전통적인 기독교 문화에서는 자살로 죽은 사람은 장례를 치를 수 없으며, 자살 미수자도 교회에 발을 들일 수 없다.

사실 '인간의 생명은 신에게 있으므로 인간은 자살할 수 없다'라는 관점은 일찍이 소크라테스가 역설한 바 있다. 하지만 정작 그는 죽음을 피할 방법이 있었는데도 스스로 독주를 마셨다. 그렇다면 그가 자살했다고 볼 수 있을까? 물론 아니다. 신의 명에 따른 소크라테스의 죽음은 생명보다 더 중요한 가치를 알리기 위함이었다. 그러니 자신을 위한 자살과는 비할 바가 아니다.

앞서 설명한 불가의 두 가지 관점인 '윤회'와 '업'의 측면에서 살펴본다면, 자신을 위한 자살은 악업으로 내세에 악과를 받아, 대부분 지옥에 떨어진다. 자살한 사람들은 자살이 모든 고통과 번뇌를 해결해줄 것이라 믿는다. 하지만 결과적으로 지옥에서 더 큰 고통을 맛보게 될 공산이 크다. 그러므로 자살은 잘못된 것이다. 불가논증과 소 크라테스의 '감옥논증'을 종합적으로 고려해본다면 세상에 태어난 인 간에게는 일정한 의무와 책임이 있고, 이를 영혼의 수갑이라고 이해 할 수 있다. 그러나 세상에서 맞닥뜨린 갖가지 고통과 번뇌는 영혼을 단련시킬 기회이기도 하다. 만약 이 고통을 피해 자살을 선택한다면 이는 책임 회피를 의미하며, 사후에 벌을 받게 된다.

제2절에서 다뤘던 영화 〈살다〉에서 의사가 주인공이 불치병에 걸 렸다는 진단을 내리자, 옆에 있던 간호사는 의사에게 "4개월밖에 남 지 않았네요. 저라면 바로 약을 먹고 스스로 생을 마감하겠어요."라 고 말한다. 나는 이 대사가 일부의 생각을 대변한다고 생각한다. 하 지만 주인공 와타나베는 여태껏 살아오면서 자살이란 걸 생각해본 적이 없었다. 그는 즐기는 인생이 전부인 줄로만 알고 한평생 보낸 후에야 삶의 의의가 적극적인 삶의 태도에 있음을 깨닫고, 인생의 책 임을 완수한다. 그러나 극한의 고통을 견디고 있는 말기 환자들처럼 절망과 고통(육체와 정신) 속에 살고 있는 사람이라면 '책임논증'이 말 하는 책임을 회피하고 싶을 것이다. 자살한 사람들이 지옥에 떨어진 다는 말은 두루뭉술한 표현에 지나지 않는다. 각자의 상황에 따라 결 정돼야 마땅하다.

말기 환자의 '다섯 단계'

퀴블러(George Kubler)의 죽음과 종결에 대한 담론에서 시한부 환자는 죽음 앞에서 다음과 같은 다섯 단계의 행동을 한다고 했다.

- 부정과 고독(자신의 병환을 부정함)

- 분노(왜 나여야만 하는가?)

- 타협(예컨대 조물주와 '협상', 만약 병이 호전된다면, 어찌하겠다는 계획)

- 억울함(치유의 희망이 없고, 의기소침해짐)

- 인정(방법이 없음을 알고 현실 직시)

물론 모든 환자가 이와 같은 다섯 가지 단계를 거치지는 않는다. 영화 〈살다〉의 주인공 와타나베처럼 죽음이라는 현실을 빠르게 인정할 뿐, 부정하거나 분노하지 않는다.

결론

—

　모든 사람은 죽게 마련이며 대다수의 사람은 죽음을 두려워한다. 사후에 어찌 될 것인지에 대한 두려움과 자신의 '부재'를 받아들일 수 없어서다. 혹은 너무도 많은 것들에 대한 아쉬움이 남아서일지도 모르겠다. 철학에서는 이성을 통해 죽음을 극복하려는 시도를 해왔다. 플라톤은 '철학은 죽음에 대한 연습'이라고 말한 바 있고, 종교계에서는 사후의 향방을 알려주며 마음의 위안을 준다. 하지만 철학 분야에서 유가의 '자신의 책임을 다한다면 죽음을 개의치 않아도 된다'라는 구절과 유물론의 '인간의 죽음을 등불이 꺼지는 것과 같다'는 구절 모두 죽음이란 문제를 완벽하게 풀어내지 못했다. 심지어 유가는 걸핏하면 '살신성인(殺身成仁)', '사생취의(捨生取義)'와 같은 현실과 동떨어진 말만 늘어놓는다. 입으로는 이해한다 할지라도 우리 같은 보통 사람들에게는 별 도움이 되지 않는다. 그렇기 때문에 나는 이 주제에 대해서는 도가의 태도가 적합하다고 생각한다. 물론 자신을 만물일체의 경지로 끌어 올리는 것도 오랜 수양이 필요할 게다. 도가의 얘기가 나온 김에 한 가지 더 보태자면, 일부 사람들은 도가를 유물론으로 설명하곤 하는데, 이는 잘못된 판단이다. 도가도 영혼의 존재를 인정했다. 노자가 말한 '내 몸이 제일 큰 고통이다(吾身有大患).'라는 말은 플라톤의 '육체는 영혼의 감옥이다.'와 매우 흡사한 견해다. 나는 심지어 장자의 소요유(逍遙遊)가 '영혼이 떠나는 것을 경험해보고 쓴 것은 아닐까?'라는 생각을 해본다.

물론 최대 문제는 영혼이 '실제로 존재하느냐'다. 또 '존재 이상의 인과 법칙이 있느냐'다. 지금까지 이를 증명할 충분한 근거를 찾지 못했다. 지금까지 말한 바는 단지 개인의 믿음에 불과하다. 하지만 아주 근거가 없지는 않다. 편폭의 제한으로 공포에 대해 상세히 설명할 수 없으므로 여기서는 간단한 논증만 해보고자 한다. 소크라테스, 예수, 부처 모두 공인된 위인이자 지식인이다. 그들은 모두 많은 지혜와 가르침을 남겼다. 귀납법에 따라 그들은 영혼의 존재와 관련된 법칙 또한 믿을 만하다고 단언했다. 사실 영혼의 불멸은 단순한 사실의 서술에 지나지 않을 뿐, 그리 대단한 일이 아니다. 진정한 가치는 고귀한 영혼이 되는 데 있지 않을까?

교육

중국의 교육계에는 전통적으로 두 가지 문제가 존재해왔다. 하나는 '남존여비(男尊女卑) 사상'이고, 다른 하나는 아이를 통해 이루지 못한 꿈을 이루고자 하는 '부모들의 태도'다. 전자의 경우 더 이상 홍콩 사회에선 찾아볼 수 없는 일이 됐지만, 두 번째 문제는 날로 심각해지는 양상이다. 한 부부는 태어나지도 않은 딸을 의사로 키우기 위해, 작명소를 찾아 이름을 짓고, 길일을 받아 제왕절개를 했다고 한다. 비용 따윈 고려 대상이 아니다. 또 명문 유치원에 입학하기 위해 유명인사의 추천서까지 받아 제출했다. 출발부터 승패가 갈렸다. 여기까지만 봐도 이들 부부가 앞으로 딸을 의사로 만들기 위해 얼마만큼의 노력을 더 기울일지는 굳이 말하지 않아도 알 수 있을 것이다. 그와 동시에 이러한 학업 스트레스로 힘들어 할 아이의 모습이 어렵지 않게 그려진다. 요즘 말로 '괴물 부모'라고 불리는 이러한 부모들의 수는 꾸준히 늘어나고 있는 실정이다.

홍콩은 본디 치열한 경쟁사회다. 하지만 이러한 경쟁의 불길이 유치원까지 번질 줄이야 누가 알았겠는가? 참으로 안타까운 현실이다. 앞에서 말한 출발선부터 한발 앞선 교육은 과거 주입식 교육보다는 '레벨 업'됐다고 할 수 있다. 그렇다면 과연 이상적인 교육이란 무엇일까?

이상적인 교육?

—

　막 대학에 입학했을 무렵 〈죽은 시인의 사회(Dead Poets Society)〉라는 영화를 봤다. 당시 나는 영화 속 키팅(로빈 윌리엄스) 선생의 학생의 잠재력을 중시하는 열린 교육방식이야말로 이상적인 교육이라 생각했다. 키팅 선생의 교육방식은 신선하고도 흥미로웠다. 빛바랜 졸업생들 사진을 보며 망자의 목소리를 들어보라는 키팅 선생의 말에 학생들은 인생의 찰나를 느끼며 현재의 소중함을 깨우친다. 시 창작 수업에서는 교과서 속 창작하는 방법을 담은 페이지를 찢어 휴지통에 던져버린다. 그는 학생들이 기존의 프레임을 과감히 탈피할 것을 요구한다. 또 축구 수업 시간에는 시 한 소절을 읊은 후에야 공을 차도록 했고, 책상 위로 올라가 다른 각도에서 문제를 바라볼 수 있다는 점을 알려준다. 그는 또 학생들이 '죽은 시인'이라는 서클을 만들어 자신들의 꿈을 펼치고, 생명의 가능성을 탐구하도록 권유한다.

그러나 비싼 학비만큼 유구한 전통을 자랑하는 이 명문사립학교와 학부모의 입장에선 키팅 선생의 교육방식이 눈에 거슬릴 뿐이다. 지상 최대 목표인 명문대 진학을 위해 주입식 교육을 추구할 수밖에 없는 그들 입장에선 열린 교육관을 가진 키팅 선생과의 대립은 피할 수 없는 일이다. 게다가 키팅 선생의 영향을 받은 학생들이 조금씩 학교 규칙에 의구심을 품고, 비판을 가하기 시작했을 뿐만 아니라 반항심을 품고 학교 규칙을 위반하기도 한다. 심지어 한 학생은 '하느님에게 왜 여학생은 뽑지 않느냐는 전화가 왔었다'라는 말로 교장선생님을 농락하기도 한다.

다른 각도에서 세상을 바라보는 법을 배워야 한다!

키팅 선생님의 영향을 받아 생명 가능성을 연구하던 닐은 무대에 서는 것을 좋아했다. 그러나 아버지의 반대에 부딪혀 연극을 더 이상 할 수 없게 되고, 군사학교로 전학을 가게 된다. 자유에 대한 갈망과 지속되는 압박에 더 이상 숨조차 쉴 수 없다고 느낀 닐은 결국 자살을 선택한다. 학교 측과 학부모는 이 사건의 책임을 키팅 선생에게 떠넘기며 그를 해고한다. 키팅 선생의 교육방식은 결국 실패로 끝난다. 표면적으로는 자살 사건에 대한 책임이라지만, 사실상 주류의 가치관이라는 벽에 부딪혀 무릎을 꿇은 셈이다. 아이들의 명문대 진학이 꿈인 학부모, 그리고 높은 진학률로 명망을 유지해야 할 학교 입장에선 키팅 선생의 교육관은 먼 나라의 얘기일 뿐이다.

키팅 선생의 교육관은 루소의 자연주의와 결을 같이 한다. 간단히 말해 이치를 따른다. 학생의 특성에 맞춰 교육하고, 학생이 자신의 잠재력을 개발할 수 있도록 도와주면 그만이란 의미다. 홍콩 교육계에 팽배한 입시 위주의 엘리트 교육 지향주의는 앞서 말한 교육 철학과는 대립각을 세운다. 이와 함께 홍콩의 교육계에는 '책 속에 고급 저택이 있고, 책 속에 금이 있다.', '명망을 떨치는 것이 진정한 효도다.', '만물의 으뜸은 학식이다.' 등과 같은 전통적인 가치관도 견고하게 뿌리내리고 있다. 사실 이러한 분위기는 현대 사회의 경제 제도와도 밀접한 관계를 갖고 있는데, 이 문제는 다음 절에서 구체적으로 고민해보자.

루소의 자연주의

18세기 중요한 철학자로 꼽히는 루소는 교육 분야에서 아동을 존중하고, 자연으로 돌아가야 한다고 주장했다. 아동 중심의 교육은 당시 어른 위주의 강제적이고 주입식으로 이뤄지는 교육방식에 반기를 든 것이다. 루소는 즐거워야만 비로소 공부의 동기를 불러일으킬 수 있다고 주장했다. 자연으로 돌아간다는 의미는 자연환경에서 학습하는 것 외에도 체벌과 같은 인위적인 간섭은 최대한 줄이고, 아이의 특성에 맞춘 교육을 말한다. 루소의 저작인 《에밀(Emile)》은 교육계의 명저로 손꼽힌다.

현대 교육 분야에선 듀이의 사상을 빼놓을 수 없다. 교육계에서 그만큼 많은 저서를 남긴 이도 드물다. 듀이의 사상은 실용주의에 속하는데, 교육에 관한 그의 주장은 매우 복잡하다. 여기서는 일부 요점만 짚고 넘어가도록 하겠다. 듀이는 전통적인 교육관에 반대하며, 소위 영원한 진리를 가르치지 않았다. 그는 교육이란 반드시 학생의 관심과 그들의 필요를 기반으로 해야 하며, 교사는 권위적인 존재가 아니라 〈죽은 시인의 사회〉의 키팅 선생처럼 조력자로서 학생을 이끄는 존재라고 강조했다. 또 공부란 일방적인 가르침과 암기가 아니라 학생이 참여해 문제를 해결해야 한다고 말했다. 듀이는 시카고 대학원 실험학교에서 자신의 주장을 실천해 그 효과를 입증했다. 듀이의 사상은 진보주의라는 교육이념의 토대가 됐을 뿐만 아니라 1920년대부터 1950년대까지 미국 교육계를 주름잡았다. 그러나 이 학생 중심 교육은 사고력을 저하시키는 폐단을 낳으면서 진보주의에 대한 반대 여론이 형성됐고, 영원주의의 교육이론 등과 같은 전통적인 교육이념으로 되돌아가야 한다는 목소리가 높아졌다.

그렇다면 전통적인 교육 철학은 정말 아무런 가치가 없는 것일까? 흥미 위주의 공부를 강조하는 오늘날의 교육관은 분명 반주지주의(anti-intellectualism)*의 위험성을 내포하고 있는데도 말이다. 제3절에서는 고대의 교육 철학에 대해 살펴보자.

진보주의 vs 영원주의

구분	진보주의	영원주의
철학의 기원	실용주의	관념론과 실재론
진리의 성격	사회 진화에 따른 변동	영원불변
교사의 역할	조력자	권위적인 존재
교육 방식	학생 위주의 문제 해결	지식 위주의 전수
교육 목적	학생의 진화하는사회 적응능력 배양	학생의 사고력 배양

---

* 합리성의 가치를 거의 절대시해온 서양의 전통적 주지주의에 대한 반작용으로 나타난 정신. 지성보다는 감성에 무게를 둠―옮긴이

현대 교육의 목표

—

우리는 키팅 선생이 추구하는 교육적 이상이나 루소의 자연주의를 '자아실현'이라 부를 수 있다. 이러한 교육 목표는 현대주의 문화의 산물이다. 현대주의 문화의 주체인 자아는 개인의 주체성과 능력을 인정하는 것을 의미한다. 교육은 인간의 자아를 존중하고, 그 잠재력을 배양해 개개인이 '자아실현'을 이루도록 해야 한다. 각 개인의 잠재능력이 천차만별이라는 점을 고려해 '자아실현'을 위한 교육 목표는 반드시 개개인의 차이를 살펴야 한다.

사회학자 다니엘 벨(Daniel Bell)은 《자본주의의 문화적 모순》이라는 저서에서 현대 사회는 문화, 정치, 경제로 구분돼 있으며, 각각 독립적으로 발전한다고 봤다. 그의 주장에 따르면 문화는 '자아실현', 경제는 '자본주의', 정치는 '민주 이념'으로 대표되는 각 영역의 이데올로기를 가지며, 이들 사이에는 내재적 갈등이 존재한다. 우리는 영화 〈죽은 시인의 사회〉에서 '자아실현'을 위한 교육관과 입시 위주의 엘리트 교육관 사이의 모순을 볼 수 있다. 이러한 입시 위주의 엘리트 교육은 현대 사회의 경제 기능적 측면에는 잘 부합한다. 이 점이 바로 교육 분야에서 나타나는 문화와 경제 간의 모순이자 현대 사회의 내재적인 갈등이다.

우선 '자아실현'과 '자본주의'의 모순에 대해 얘기해보자. 주지하다시피 자본주의의 목표는 '이익 창출'이다. 그러므로 효율을 강조하고, 도구적 이성을 중시한다. 자본주의적 관점에서 바라보면 교육은 시장에서 요구하는 지식과 능력을 갖춘 노동력 양성 과정에 불과하다. 학교는 마치 서바이벌 게임장과도 같다. 적합한 인재만이 양질의 교육을 받을 수 있다. 이른바 엘리트주의는 단지 경제 체제만 반영할 뿐이다. 마르크스의 말을 빌리면 노동력의 상품화다. 이와 같은 교육 목표는 시험 성적과 자격증만으로 학생의 가치를 판단하는 환경을 조성하고, 교육방식 또한 획일화시켰다. 단기간 내 좋은 성적을 거두는 데는 주입식 교육만한 것이 없다. 이렇다 보니 즐거운 공부나 깊이 있는 학문 연구가 가당키나 하겠는가?

인도 영화 〈세 얼간이〉 속 교육제도는 서바이벌게임이나 진배없다. 좋은 대학에 진학한다고 하더라도 졸업과 취업이라는 관문을 넘기 위한 경쟁은 쉼 없이 이어진다. 인도 경제의 눈부신 성장은 건설 업계의 호황으로 이어졌고, 이러한 분위기 속에 엔지니어라는 직업이 최고의 직업으로 급부상한다. 영화 속 세 주인공도 인도 최고의 공대인 ICE에 입학한다. 천재로 등장하는 주인공 '란초'는 공학을 무척 좋아하지만, 교과서를 빼곡히 채우는 정의들과 암기만을 강조하는 교수들의 주입식 수업은 끔찍이 싫어한다. 두 번째 주인공 '파르한'의 꿈은 동물 사진작가다. 하지만 아버지의 기대를 저버리지 못한 채 공과대학에 입학한다. 세 번째 주인공은 공학을 누구보다 좋아하는 '라주'다. 하지만 병으로 실직한 아버지, 혼수 마련할 돈이 없어 시집을 못가고 있는 여동생, 모든 것을 바쳐 그의 대학공부를 뒷바라지하는 어머니까지, 온 식구가 그의 성공만을 바라보고 있다. 이러한 심적 부담에 짓눌린 채 살아가는 라주가 할 수 있는 일이라곤, 부처님께 좋은 성적을 받게 해달라고 비는 일뿐이다. 공부하는 이유가 자신이 아닌 가족과 사회의 기대 때문이라는 파르한과 라주는 자아를 잃었다고 해도 과언이 아닐 것이다. 란초의 응원으로 파르한은 아버지에게 학업을 그만두고 동물 사진작가가 되겠다고 밝히며 자신의 꿈을 찾는 반면, 라주는 삶의 무게를 견디지 못하고 자살을 선택한다. 다행히 란초의 도움으로 가까스로 살아난 라주는 자신만의 삶을 살기로 결심한다.

공대 총장의 최대 관심사는 학교의 글로벌 랭킹이다. 그는 늘 최고의 중요성을 강조한다. 이러한 경쟁의 압박 속에서 일부 학생은 스스로 목숨을 끊기도 한다. 란초가 말한 대로 이는 '자살이 아니라, 타살'인 셈이다. 사실 총장의 아들도 이러한 스트레스를 견디다 못해 자살했다. 단지 총장 자신만 인정하지 못할 뿐….

란초라는 인물엔 현대 문화의 '자아실현'이 투영돼 있다. 그는 대학에 와서 말 그대로 공부만 할 뿐이다. 스펙을 위한 자격증 따윈 중요치 않다. 사실 늘 1등의 자리를 고수하는 그이기에 주인 아들을 대신해 자격증을 따주기도 한다. 반면, 총장은 자본주의 사회의 엘리트주의를 대변한다. 스펙으로 개인의 가치를 매기고, 치열한 경쟁을 거치며 적지 않은 이들이 도태된다. "너희는 여기 ICE에 와 있는 것만으로도 벌써 많은 이들보다 한 단계 위에 올라선 것이다."라는 입학식에서의 총장의 말처럼 말이다. 물론 이러한 엘리트들이 출중한 능력을 가진 것은 자명한 사실이다. 하지만 그들의 능력은 단지 시장의 니즈에 부합하고, 자본주의가 추구하는 이윤과 효율의 가치관에 대한 동의일 뿐, 그 이상도 이하도 아니다. 대담성과 창의력은 오히려 다른 이들만 못하다.

정치 영역에서 교육은 사회 발전을 위한 이성적인 시민을 배양해 자유와 평등의 이념을 받아들이도록 하는 역할을 담당한다. 하지만 이러한 교육 목표는 자본주의 사회에서 나타나는 엘리트 지향주의 및 교육 불평등의 현상과 모순을 빚는다. 효익의 극대화를 추구한다는 전제하에선 '기대 수익률'이 가장 높은 아이에게 투자해야 한다. 하지만 교육 기회의 평등은 자원의 평균적인 분배를 요구하고, 오히려 사회 취약계층에 더 많은 자원을 분배토록 하고 있다. 엘리트주의는 특권층을 낳고, 그들은 상대적으로 많은 부와 명예, 권력 등을 누린다. 자연히 그들의 자식들(하위 계층의 아이들과 비교할 때)에게 엘리트가 될 수 있는 더 많은 기회가 줬지고, 결국 다음 세대까지 이 계

급이 세습된다. 이러한 현상은 오랜 시간 동안 사회 계층 간의 이동
을 저해해 사회의 불평등을 심화시키는 악순환을 초래한다. 이 밖에
도 이성적인 시민을 배양하는 목적은 그들이 시민권을 행사해 불합
리한 제도를 비판하고, 더 나아가 사회 개혁의 주체로 거듭나도록 하
는 것이다. 영화 속 란초가 기존의 교육제도에 반기를 들었던 것처럼
말이다. 하지만 자본주의는 학교에서 사회 현실을 받아들이고 사회
에 진출해서도 안정적으로 일할 수 있는 순종적인 인력을 양성해주
길 바란다.

고대의 교육

—

우리는 앞에서 현대 교육의 내재적 갈등에 대해 논했다. 그렇다면 고대의 교육은 어땠을까? 우리는 어떤 부분에 주목해야 할까? 서양철학의 창시자인 소크라테스와 중국의 최고 성인인 공자는 깨우침의 교육관을 제시했다는 점에서 공통점이 있다. 소크라테스의 문답법은 대화를 통해 학생이 스스로 깨우치고 결론을 이끌어내도록 유도한다. 공자도 제자의 특성에 따른 맞춤형 교육에 능했다. 학생의 특성과 당시 상황을 고려해 깨달음을 줄 수 있는 답을 주곤 했다.

교육은 또 어떤 목적이 있을까? 소크라테스와 플라톤의 전통을 계승한 아리스토텔레스는 이성을 통한 진리 탐구를 중시하고, 이성이 인간의 본질임을 인정했다. 그는 교육이 인간의 본질을 실현하는 것이고, 이성을 도덕에 적용할 때 비로소 훌륭한 인격을 형성할 수 있

소크라테스의 산파술 vs 공자의 맞춤형 교육

소크라테스는 '영혼의 산파'라 자처했다. 그는 대화(반문, 변증, 귀납 등의 방법을 이용했다.)를 통해 상대방이 답을 얻고 무지를 깨치게 했다. 스스로 깨닫는 지혜는 뇌리에 더욱 깊게 새겨진다.

공자는 제자들의 자질과 당시 상황을 고려해 동일한 문제에 다른 답을 제시했다. 그 목적은 학생들을 일깨우는 데 있었다. 예를 들어 '말이 많고 조급한 성격을 가진' 제자 사마경이 인(仁)에 대해 묻자, 공자는 '인자, 기언야(仁者, 其言也)'라 했다. 즉, '말을 할 땐 신중해야 한다'라는 깨우침을 준 것이다.

다고 생각했다. 이 또한 '자아실현'의 한 가지라 볼 수 있다. 고대의 자아실현은 인간의 본질을 강조한다는 점에서 개개인의 잠재력을 중시하는 현대문화의 '자아실현'과는 다른 개념이다. 유가 또한 인간의 품성을 강조했다. 성선설을 주장하는 맹자도 선을 추구하는 능력을 인간의 본질로 보고, 교육도 인간의 도덕적 잠재력을 발전시킬 수 있는 좋은 방법이라 생각했다. 결국 고대의 중국과 서양 모두 올바른 인격 형성에 방점을 두었다는 것을 알 수 있다.

공자의 교육 사상

공자의 교육 목적은 인재를 배양해 군자를 양성하는 것이다. 즉, 품성과 능력을 겸비해 정계에 입문할 인재를 키워 당시 사회 질서를 바로잡는 것이었다. '오경'은 바로 시(詩)·서(書)·역(易)·예(禮)·악(樂), 이 다섯 부분의 경전을 말하고, '육예'는 예(禮)·악(樂)·사(射)·어(御)·서(書)·수(數)라는 여섯 가지 기능을 뜻한다.

목적	군자
내용	오경육예(五經六藝)
방법	맞춤형 교육

올바른 품성을 함양하기 위한 교육방식은 교육의 이상이라 할 수 있다. 그러나 역사 발전 과정을 돌이켜보면 정치권력이 교육계의 주도권을 잡은 후, 교육은 폐쇄적이고 주입식을 위주로 하는 방향으로 변화됐고, 오롯이 사회 현상 유지에만 활용됐다. 서양의 중세 시기 교회는 지식을 독점하고 '이데아'를 유일한 진실이라고 보는 폐쇄적인 성격의 플라톤 이론 체계를 적극 활용했다. 플라톤은 이데아를 유일한 본질이라 보고 이를 바탕으로 한 형상학, 지식론, 가치관의 체계를 수립했다. 권력자들은 경험세계를 초월하는 이데아를 악용해 자신들의 말이 곧 '진리'라고 강요했다. 모든 사람들은 따라야만 했고, 이를 바탕으로 만들어진 교육제도는 폐쇄적이고 강압적이며 교조적일 수밖에 없었다.

영화 〈장미의 이름(The Name Of The Rose)〉에서는 교육 부분에서 나타나는 교회의 폐쇄성을 조명했다. 영화 속 한 수도원에서는 수도사들이 독극물에 중독사하는 의문의 사건이 발생한다. 영화 속에서 이성을 상징하는 수도사 윌리엄(숀 코네리)은 사건을 조사하면서 폐쇄된 교회와 전쟁을 시작한다. 윌리엄은 중독의 원인이 금서로 정해져 오랫동안 전해지지 않았던 아리스토텔레스의 《희극》 때문임을 알아차린다. 수도원의 장로는 이 책에 독극물을 묻혀 수도사들의 접근을 막고자 했다. 그렇다면 왜 이러한 짓을 벌인 것일까? 장로는 희극이 인간의 단점을 희화적 요소로 표현해 웃음을 유발하고, 이 웃음이 마음속의 두려움을 없앨 수 있다고 생각했다. 그는 두려움이 없다면 하느님에 대한 신앙도 사라질 것이라 우려한 나머지 교회가 말하는 '진리'와 기득권을 수호하기 위해 사람들에게 즐거움과 희망을 주는 이 책을 금서로 정한 것이었다.

중국의 상황도 별반 다르지 않다. 한나라 유가의 학설은 모든 권력을 황제에게 부여하고, 백성들은 정권을 위한 존재로 전락시켰다. '왕이 죽으라면 죽는다'와 같은 개념도 이때 나타난다. 송나라 주희 등은 유가를 형상학과 우주론이 복잡하게 얽힌 구조로 재탄생시켰다. 윤리적 규범에 형상적 근거를 부여하면 쉽사리 경직돼 폐쇄성을 띤다. 명나라를 세운 주원장도 주희의 사상을 과거 시험의 기준으로 삼았다. 당시 교육제도의 폐쇄성이 더욱 농후해진 까닭이 바로 여기에 있다.

고대에는 교육의 평등이란 개념이 없었다. 비록 공자가 평민에게 교육의 문을 열어주었지만 교육의 주요 목적은 군자를 양성해 정계에 몸담을 인재를 키우는 것이었지, 모든 사람이 정계에 입문할 수 있도록 한다는 의미는 아니었다. 물론 공자는 당시 귀족만이 정계로 진출할 수 있다는 장벽을 깨뜨려 평민이 교육을 통해 상류층에 진입할 수 있는 통로를 제공했다. 한편 플라톤은 개개인의 잠재력에 따른 교육을 받아야만 사회의 요구에 부합할 수 있다고 주장했다. 그는 유토피아에서 3개의 계급인 통치 계급, 사병 계급, 생산 계급의 개념을 제시했다. 통치 계급은 철학, 수학, 역사 등의 지식을 습득해야만 나라를 다스릴 자격이 줬지고, 사병 계급은 체력과 도덕적 단련을 통해 용감한 품성을 길러야만 나라를 지킬 수 있다고 말했다. 마지막으로 가장 하위 계층인 생산 계층은 직업 훈련을 통해 생산 업무를 담당해야 하며, 그들에게 가장 필요한 품성으로는 절제를 꼽았다.

배움의 의미

—

교육계에 잔존하는 문제들은 단기간 내 해결될리 만무하며, 앞서 2절에서 말한 대로 사회 내부적인 모순까지도 안고 있다. 일반적인 정규 '교육'과 달리 '배움'은 개인의 자주성에 따라 다른 결과가 나타난다. 듀이는 학습 과정에서 학생은 주체성을 갖고 스스로 학습 목표를 세워야 한다고 강조한다.

많은 사람들은 학교를 떠남과 동시에 배움이 끝난다고 생각한다. 설령 무언가를 배운다고 하더라도 대부분은 업무를 위한 지식의 습득에 불과하다. 하지만 학교 교육이 대부분 피동적으로 이뤄진다는 점을 고려하면 학교를 떠나야만 비로소 진정한 배움이 시작된다고 생각한다. 자신이 원하는 인간이 되기 위해선 그에 알맞은 품성을 길러야 하고, 원하는 직업을 찾기 위해서는 그에 적합한 능력을 개발해야 한다. 이 두 가지 모두 배움이 있어야만 가능하지 않은가?

물론 이 세계에는 소위 '천재'라는 사람들이 존재한다. 천재 얘기를 다룬 영화 〈굿 윌 헌팅(Good Will Hunting)〉 속 윌(맷 데이먼)은 한 학교에서 누구보다 즐겁게 청소 직원으로 일하고 있다. 어느 날 그는 자신도 모르게 한 수학 교수가 제시한 문제를 풀면서 수학 교수의 눈에 든다. 그의 천재성을 알아본 교수는 그를 놓치고 싶지 않다. 하지만 순탄치 않은 어린 시절의 상처로 학업에 대한 아무런 의지가 없는 윌. 교수는 그의 마음의 문을 열고자 심리학과 교수 숀(로빈 윌리엄스)에게 도움을 청한다. 숀은 윌의 천재성에 집착하기보다 진심으로 그가 자신의 인생을 고민할 수 있도록 도와주고, 그의 결정을 존중한다. 영화는 우리에게 묻는다. 천부적인 재능을 타고났다면 무조건 꽃피워야 하는지, 그래야 할 사명이라도 있느냐고 말이다. 배움은 분명 나를 위해서여야 하고, 그 목적도 나 스스로 정해야 마땅하지 않을까?

배움의 성과는 개인의 천부적 소질과 노력이 더해져 결정된다. 소질이라면 내 의지와 상관없이 이미 정해졌다고 하지만 노력이라면 스스로 해낼 수 있다. 사실 천재는 극소수다. 노력이 가장 중요하단 말이다. 영화 〈몬스터 대학교(Monsters University)〉는 바로 이러한 내용을 담았다. 어릴 적부터 몬스터 주식회사의 입사를 꿈꿔온 첫 번째 주인공 마이크는 각고의 노력을 기울인 끝에 모든 몬스터들이 선망하는 몬스터대학교 겁주기과에 진학하지만, 생김새는 물론 겁주는 데 아무런 재능이 없어 늘 단짝인 설리에게 뒤지기 일쑤다. 그러던 어느 날 경기에서 반칙을 했다는 이유로 마이크와 설리는 학교에서 쫓겨난다. 하지만 이 둘은 낙담하지 않고 다시 몬스터 주식회사의 말단 보직인 우체부원으로 입사해 차근차근 경력을 쌓아 마침내 겁주기 사원이 된다.

공자도 노력의 중요성을 재차 강조했다. '배움을 싫어하지 않는다(學不厭)'는 공자 스스로 자신에 대해 내린 평가다. 만고의 사표가 될 수 있었던 공자는 배움에 관한 확고한 견해를 갖고 있었다. 《논어》의 첫 구절은 '학이시습지, 불역설호(學而時習之 不亦說乎)'다. 이 구절은 무슨 의미일까? 일각에서는 '배운 것을 때때로 익히니 어찌 즐겁지 아니한가'라고 해석한다. 하지만 대다수 학생들은 이 해석에 동의하지 않을 것이다. 그들 입장에선 늘 해야 할 복습이란 고통스러울 뿐 절대 즐거운 일이 아닐 테니 말이다. 그렇다면 '배운 내용을 적당한 시기에 실습하면 즐겁지 아니한가'라는 해석은 어떨까? '시(時)'는 적당한 시기, '습(習)'은 실습으로 이해한다면, '배운 도리에 실천을 보태어 도리를 증명할 수 있고, 연습을 통해 발전할 수 있으니 개인이 향상되는 즐거움을 느낄 수 있다'라고 해석해 보는 것이 좀 더 합리적이지 않은가? 공자는 '아는 사람은 좋아하는 사람만 못하고, 좋아하는 사람은 즐기는 사람만 못하다(知之者不如好之者, 好之者不如樂之者).'라고 했다. 배움이란 곧 즐거움이다.

영화 〈세 얼간이〉 속 란초는 비록 대학 졸업장은 따지 못했지만 배움에 대한 열정은 누구에게도 뒤지지 않았다. 공자가 강조한 즐기는 사람은 아무도 따를 수 없다는 말의 좋은 예가 아닐까 싶다. 란초는 입학 초기부터 '군기 잡는 선배' 앞에서 물리와 공학적 지식을 동원해 코를 납작하게 만들었다. 늘 최고를 추구했던 그는 훗날 뛰어난 발명가가 된다.

공자의 배움의 자세와 방법

공자는 15세에 배움에 뜻을 둔 이래 일평생 동안 배움의 끈을 놓지 않았다. '세 사람이 길을 가면 반드시 내 스승이 있다(三人行, 必有我師焉)'라고 말한 바와 같이 공자는 늘 다른 이에게 배움을 청했다. 배움이란 부지런해야 할뿐만 아니라 꾸준한 노력과 세상에 대한 문제의식도 필요하다. '불분불계, 불비불발(不憤不啓, 不悱不發)'과 같이 선생은 학생들을 깨우쳐주기 전에 학생이 먼저 분발하도록 하고, 배움이 있기 전에 학생의 호기심을 자극해 학생의 배움에 대한 의지를 불러 일으켜야 한다. 이러한 배움과 더불어 사색도 중요하다. '학이불사즉망, 사이불학즉태(學而不思則罔, 思而不學則殆)'라 했다. 즉, 배우되 사색하지 않으면 다방면의 도리와 이치를 체계적으로 이해할 수 없고, 사색 없이 책만 읽는다면 읽을수록 혼란스러워진다. 또 사색만 하고 배우지 않는 것도 문제다. 제한적인 개인의 경험만을 토대로 사색만 한다면 이는 매우 위험하기 때문이다.

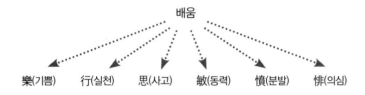

일흔이 된 공자는 자신의 인생을 되돌아보며 말했다. '나는 15세에 배움에 뜻을 두고, 서른에 자립하고, 마흔에 의심이 없었으며, 쉰에 하늘의 뜻을 알고, 예순에 만물의 이치를 듣는 대로 모두 이해했으며, 일흔에 마음이 하고픈 대로 해도 법도를 어기지 않았다'. 일반적으로 이를 공자 인생의 단계라고 본다. 물론 틀린 말이 아니다. 하지만 나는 이를 공자의 배움의 단계로 이해하고자 한다. 비록 개개인의 포부가 다르고 인생의 목표도 다르겠지만, 공자의 인생 단계에 대한 자술은 오늘날 현대 사회에서도 여전히 참고할 만한 가치가 있다. 어릴 적 자신의 목표를 세우는 것은 매우 중요하다. 목표가 있어야 노력을 방향도 정할 수 있으니까 말이다. 30대가 되면 소득이 생기고 독립이 가능해진다. 40이 되면 자신의 인생에 대해 확고한 신념을 갖고 자신이 맡은 분야에서 능력을 발휘해야 한다. 현대 사회에선 40~50대가 되면 소위 '중년의 위기'에 봉착하게 된다. 50이 되면 인생의 한계치를 깨닫고 더 이상 억지 부리지 않고 형이상학이나 종교

배움의 6단계

15세 입지(立志)
뜻을 학문과 능력 배양

30세 독립(獨立)
스스로를 책임질 수 있음

40세 불혹(不惑)
자신의 방향을 정확히 함

50세 지천명(知天命)
인생의 한계를 깨달음

60세 이순(耳順)
마음의 흔들림이 없음

70세 마음이 하자는 대로 따라해도 문제 없음

의 도리를 이해해볼 수도 있다. 60이 되면 상냥하고 환한 얼굴로 사소한 일에 승강이를 벌이지 않는다. 70이 되면 마음이 자유로워 더 이상 걱정 근심거리가 없다.

공자와 관련된 영화는 그리 많지 않다. 몇 해 전 상영했던 주윤발 주연의 〈공자-춘추전국시대(Confucius)〉는 애석하게도 많은 아쉬움을 남겼다. 그 가운데서도 몇 가지 문제점을 꼽자면 공자가 학생의 '자(字)'를 부른 점이다. 《논어》를 읽어본 사람이라면 공자가 학생의 '이름'을 부른다는 사실을 알고 있을 것이다. 옛 사람들은 이름에 비해 '자'를 귀하게 여겨 선생들은 학생을 부를 때 '자'가 아닌 '이름'을 불렀다. 공자도 '자공'이라 부르지 않고 그의 이름인 '사'라 불렀을 것이다. 영화에서 유일하게 건질 만한 것이 있다면 안회의 죽음이다. 사실 안회는 병사(나는 영양실조로 병을 얻은 것이라 의심해본다.)했지만, 영화에서는 그가 책을 보존하려다 죽음을 맞이하는 것으로 각색해 '배움'의 중요성을 부각시켰다.

결론

—

　이상적으로 얘기하면 교육은 개인의 품성과 재능을 함양하기 위함이지만 현실적으로는 자본주의 경제에 필요한 노동력을 훈련시키는 과정이다. 자본주의로 인해 사회는 경쟁에 찌들었고, 학교마저도 이러한 분위기에서 자유롭지 못하다. 현대 사회에서 교육은 한 사람의 경제적 소득과 사회적 신분에 직결되기 때문이다. 다시 말해 교육은 한 사람의 인생을 바꿔놓을 수 있다. 하지만 치열한 경쟁의 압박 속에서 배움은 시험과 입시를 위한 도구로 전락했고, 주입식 교육이 성행하게 됐다. 학생들은 단기간 내 성적을 올리기 위해 죽기 살기로 외우고 또 외우지만, 시험이 끝남과 동시에 머릿속은 백지 상태가 된다.

　영화 〈세 얼간이〉 속의 학생들처럼 시험을 위해 오랜 시간 동안 기계적으로 반복하면서 사고력은 떨어진다. 나는 엘리트주의를 반대하진 않는다. 하지만 교육을 통해 배출한 현재 엘리트들의 창의력과 담대함을 보고 있노라면 한심하기 짝이 없다. 현대 사회가 리더에게 요구하는 가장 중요한 덕목이 바로 이 두 가지임에도 불구하고 말이다. 조기교육의 결과는 주입식 교육보다 더 참혹할 것으로 예상된다. 독일 정부는 조기교육이 아이의 성장 발달에 유해하다고 판단해 법으로 금지하고 있다. 조기교육이 아이들에게 불필요한 스트레스를 가져다줄 것은 자명한 사실임에도 불구하고 그 성과에 대해서는 아무도 장담하지 못하는 것이 작금의 현실이다.

앞서 말한 바와 같이 배움에 관해서는 공자의 견해를 참고하겠으나, 교육 분야에서는 핀란드의 경험을 참고해보고자 한다. OECD는 2003년 15세 아이들을 대상으로 '국제학생 능력 평가 계획'이란 조사를 실시했다. 보고서에 따르면 핀란드는 독해 이해 영역, 과학 소양 영역에서 1위, 수학 능력 영역에서 2위(홍콩 1위)를 차지했다. 독자들은 아마도 핀란드 사회의 경쟁 열기가 홍콩보다 훨씬 뜨거울 것이라 예상할 것이다. 하지만 이와 정반대다. 홍콩의 학생들이 하교 후 학원을 가거나 공부를 하는 것과 달리 핀란드의 초등학생들은 하루에 단 한 시간 숙제를 하고 나머지 시간은 놀이를 하거나 자신의 좋아하는 일 등을 한다. 핀란드 교육은 학생 중심이다. 학생의 이해 정도에 따라 학습 진도를 결정하고, 학생들의 차이를 충분히 고려한다. 학생들의 깨우침을 통해 공부에 대한 흥미를 유발한다. 적어도 시험을 위한 기계로 키우진 않는다. 자본주의가 주류가 아닌 핀란드와 홍콩의 실정은 크게 다르다. 그런 만큼 그들의 교육방식을 맹목적으로 답습하자는 뜻은 아니다. 단지 우리가 그들의 교육에서 배울 점이 있다는 점을 간과해서는 안 된다는 의미다. 핵심은 학생이 독립적이고 자주적인 인간으로 성장해 사회 생존 능력을 갖추고 독립적인 사고를 할 수 있도록 하는 것이 아닐까 싶다. 그렇다면 적어도 '고득점의 무능력'한 학생들의 양산을 막을 수 있을 테니 말이다.

환경보호

최근 홍콩은 쓰레기 처리 문제로 골머리를 앓고 있다. 기존의 매립지가 포화상태에 이르면서 신규 매립지 선정이 시급하지만, 주민들의 거센 반대에 부딪혀 답보 상태다. 한 가지 분명한 사실은 조속히 신규 매립지를 선정한다 하더라도 우리의 생활 습관이 변하지 않는 한 쓰레기 처리 문제는 지속적으로 우리를 괴롭힐 거란 점이다. 소각장 부지 선정도 매한가지다. 게다가 소각장의 경우 신설과 동시에 대기오염을 심화시킬 것은 자명하다. 사실 쓰레기 처리는 비단 홍콩만의 문제가 아니다. 전 지구적인 문제다. 머지않은 미래에 우리의 지구가 거대한 쓰레기장이 될지도 모를 일이다. 어쩌면 애니메이션 〈월-E(WALL-E)〉의 지구인들처럼 우주선에 살면서 로봇에게 쓰레기장으로 변한 지구 청소를 맡겨야 할는지도 모른다.

최근 몇 년 사이 홍콩시민들의 환경보호 의식이 크게 제고됐다. 특히 민간 부분에서 두드러진 양상을 보이고 있다. 그들은 자발적으로 환경보호 캠페인을 벌이는가 하면, 얼마 전 있었던 '용미캠페인(龍尾大行動)'처럼 투쟁도 불사한다. '환경보호'는 분명 논란의 여지가 없는 이슈다. 그럼에도 불구하고 우리는 그 당위성에 대한 고민은 제쳐둔 채, 각자의 입장만을 고려한 정책과 조치들을 내놓고 있어 갈등과 분쟁의 가능성도 배제할 수 없는 실정이다.

왜 환경을 보호해야 할까?

—

다큐멘터리 〈불편한 진실(An Inconvenient Truth)〉을 처음 본 사람이라면 큰 충격에 빠질 것이다. 이 다큐멘터리는 방대한 양의 과학적 근거를 통해 지구온난화가 더욱 심화되고 있으며, 결국 인류에게 큰 재앙을 몰고 올 것이라 경고했다. 또 빙하의 융화, 해수면 상승, 연안과 저지대 지역의 침수 등과 같이 지구온난화로 초래된 문제점들을 하나하나 묘사했다. 태풍은 바다를 지나면서 더 많은 에너지를 축적하기 때문에 바닷물 온도의 상승은 태풍의 강도를 높인다. 몇해 전 미국을 휩쓸고 간 슈퍼 태풍 '카트리나'가 그 대표적인 예다. 이 밖에도 기온이 상승하면 전염병이 창궐한다. 더 심각한 문제는 북극의 빙하가 녹아 대량의 담수가 바다로 유입되는 경우다. 이는 전세계 기후를 조절하는 유수시스템에 영향을 끼치게 되고, 최악의 경우 빙하시대가 도래할 수 있다.

영화 〈투모로우(The Day After Tomorrow)〉는 끔찍한 결과를 극적으로 풀어냈다. 영화는 지구온난화가 대규모의 기후 이변을 초래하고 초대형 태풍이 지구를 강타한 뒤, 북반구의 기온이 급락하면서 지구는 새로운 빙하시대에 접어든다는 상상을 스크린에 옮겼다. 하지만 이는 결코 상상 속에만 존재하는 얘기가 아니다. 약 1만 여 년 전 유사한 과정을 거쳐 빙하시대가 출현한 적이 있다. 당시 북아메리카의 빙하가 녹으면서 거대한 담수호가 형성됐지만 얼마 후 얼음 둑이 무너지면서 대량의 담수가 대서양으로 흘러들어갔고, 해류를 조절하는 염수를 희석시켰다. 이는 기후 조절 시스템의 마비를 의미한다. 결국 당시 유럽은 800년가량 지속된 빙하시대를 맞이했다.

〈불편한 진실〉의 사회자였던 전 미국 부통령 엘 고어는 지속적인 지구온난화를 용인하는 것은 매우 부도덕적인 일이라 지적했다. 지구온난화는 인류가 배출한 이산화탄소로 초래된 인위적인 결과물이기 때문이다. 만약 이대로 지속된다면 우리의 후손은 앞서 말한 재앙을 겪게 될 공산이 크다. 다시 말해 환경을 보호하는 주된 이유는 인류 자신을 보호하기 위해서란 의미다. 이를 실용적인 측면과 비실용적인 측면으로 구분해보면 우리가 지구에서 자원을 얻는 것은 실용적 가치에 속하고 지구의 절경을 감상하는 것은 심미적 가치, 즉, 비실용적 가치에 속한다. 결론적으로 환경 파괴는 인류 자신의 이익을 훼손하는 셈이다.

문제는 책임 소재다. 물론 모든 사람에게 책임이 있다. 자연의 자원은 공유재가 아니던가? 하지만 때론 모든 사람이 져야 할 책임을 아무도 지지 않곤 한다. 공유지의 비극(The Tragedy of the Commons)*에 대한 내용은 모두 잘 알고 있을 것이다. 사람들은 자신의 이익과 편의를 위해 좀 더 많은 공공재를 이용하고자 한다. 하지만 지나친 사용은 환경을 파괴하고 오염시킨다. 영화 〈센과 치히로의 행방불명(The Spiriting Away Of Sen And Chihiro)〉에서도 이러한 환경 문제를 꼬집었다. 영화의 주인공 치히로와 그의 부모님은 길을 잘못 들어 신들의 마을에 발을 들이게 된다. 마을에는 일본의 천신이 목욕을 했던 곳이 있는데, 어느 날 한 손님이 찾아온다. 모두들 온몸에 오물이 묻고 심한 악취를 풍기는 그 손님을 부패의 신으로 오해한다. 목욕탕 주인은 그에게 가장 지저분한 대야를 가져다주라고 한다. 하지만 치히로가 성심성의껏 씻겨준 끝에 오물들이 사라지면서, 손님이 강의 신이란 사실이 밝혀진다. 처음의 남루한 몰골은 인간이 마구 버린 쓰레기에 오염된 모습이었던 것이다.

---

* 주인이 따로 없는 공동 방목장에선 농부들이 경쟁적으로 더 많은 소를 끌고 나오는 것이 이득이므로 그 결과 방목장은 곧 황폐화되고 만다는 걸 경고하는 개념-옮긴이

인류가 자율적으로 공유 자원을 이용토록 하는 것은 부적합한 처사다. 특히 기득권자들의 경우에는 더욱 그렇다. 유일한 방법은 '규제'다. 홍콩은 쓰레기 문제를 해결하기 위해 쓰레기 종량제를 실시할 계획이다. 사용자의 자체 지불 원칙에 따라 많은 양의 쓰레기를 배출하는 사람이 많은 비용을 부담하자는 취지다. 대기층도 인류의 공공 자원이다. 같은 논리로 이산화탄소를 가장 많이 배출한 사람이 가장 많은 책임을 져야 한다. 그러므로 1인당 이산화탄소 배출량이 가장 많은 미국인들이 가장 많은 책임을 부담해야 한다. 하지만 미국은 온실가스 배출 감축을 제안한 교토의정서에 서명하지 않았다. 심지어 부시는 2000년 대통령 경선 당시 미국은 세계 대기오염 문제에 대한 책임을 지지 않을 것을 공약하기도 했다. 미국인들의 과도한 소비와 향락 위주의 생활 방식을 고수하겠다는 다짐이 아닐 수 없다. 일본은 지진으로 원전사고가 발생했고, 방사능 물질에 오염된 물이 바다로 흘러들면서 인접국의 해산물을 오염시켰다. 배상 문제가 제기될 가능성도 배제할 수 없게 됐다. 지구촌화는 거스를 수 없는 흐름이다. 환경오염이란 문제 앞에서 독자적인 행동은 어느 나라라도 용납될 수 없는 행태임이 분명하다.

동물의 권리? 생명 존중?

—

환경 파괴로 인한 피해는 인류만이 아닌, 동물에게도 영향을 끼친다. 환경보호를 해야 하는 또 하나의 이유가 바로 동물의 이익 수호다. 왜 우리가 이러한 책임을 져야 할까? 공리주의적 측면에서 동물도 인간과 마찬가지로 고통과 쾌락이란 감정을 느낀다. 즉, 동물이 고통 받도록 하는 것은 비도덕적인 행위다. 환경 파괴는 동물 서식지의 파괴를 가져오므로 간접적으로 동물들에게 고통을 안기는 셈이다. 일각에서는 우리가 동물의 보호해야 하는 또 다른 이유로 동물의 권리 보호를 주장한다.

공리주의와 동물의 이익

공리주의는 쾌락만이 내재적인 가치가 있다고 본다. 이로 인해 행위의 도덕성 여부는 그로 인한 쾌락과 고통에 따라 결정된다. 그러므로 동물 또한 고통과 쾌락을 느끼는 주체이므로, 그 수준이 인간만 못하더라도 그들의 이익을 살펴야 한다.

영화 〈꿀벌 대소동(Bee Movie)〉은 이러한 동물들의 권리 수호를 모티브로 한 영화다. 뉴욕에 사는 꿀벌 배리는 어느 날 자신들이 힘들게 모은 꿀이 마트에서 판매되고 있음을 목격한다. 자신들의 노동력을 인간에게 도둑맞았다고 판단한 배리는 이를 인류 법정에 고발해 승소한다. 판결에 따라 인간들이 꿀벌들에게 다시 꿀을 돌려주는 것으로 끝을 맺는 이 영화는 동물도 권리가 있고, 인간이 제멋대로 자행하는 자원 약탈이 동물의 이익을 침해한다는 점을 강조했다.

사실 '동물의 권리'라는 말은 상당히 모호하므로 명확히 정리할 필요가 있다. 첫째, 곤충은 자격이 있는가? 등과 같이 동물 각 개체가 권리를 향유할 자격을 갖는지의 여부를 분명히 해야 한다. 둘째, 동물의 권리는 적극적 의미와 소극적 의미로 구분되므로 그 '권리'의 의미를 명확히 해야 한다. 개체별로 어떤 의미의 권리를 갖는지에 대해 명확히 분류해야만 그들의 권리를 수호할 수 있다.

적극적 권리와 소극적 권리

권리란 쟁취하는 것이다. 우리가 특정한 권리를 갖는다는 것은 이 권리에 대응하고, 관련된 사람은 그에 대한 의무를 가짐을 의미한다. 권리는 늘 분쟁을 일으키는데 그 원인 가운데 하나는 권리의 두 가지 의미에 대한 혼돈 때문이다.

소극적 권리: 모든 이는 특정 행위를 하지 않을 의무가 있다.

적극적 권리: 특정인이 특정 행위를 해야 할 의무가 있다.

그렇다면 동물의 권리는 어떤 권리로 보는 것이 합리적일까? 만약 동물에게 생존권이 있다면 인간은 동물의 생명을 뺏을 수 없다. 그렇다면 우리는 고기를 먹어선 안 된다. 우리가 즐겨 먹는 고기는 먹기 전에 동물의 도살과정을 거쳐야 하지 않은가? 동물의 생존권을 수호하는 사람의 의무는 무엇일까? 만일 동물이 적극적인 생존권을 갖는다면 우리는 도덕적 딜레마에 빠질 수밖에 없다. 예컨대 토끼는 사자의 먹잇감이다. 사자가 토끼를 잡아먹으려고 할 때 우리는 이를 저지해야 할까? 이를 저지하지 못한다면 우리는 토끼의 생존권(적극적)을 침해하게 된다. 만약 반대로 이를 저지한다면 우리는 또 사자의 생존권(적극적)을 침해하게 된다. 혹은 동물들이 자유와 사생활에 대한 권리가 있다면 어떨까? 우리는 반드시 동물원을 폐쇄해야 하고 애완동물을 키워서도 안 된다. 어쩌면 동물이 불필요한 고통을 받지 않을 권리야말로 합리적이란 생각이 든다. 결론적으로 동물실험은 금지돼야 마땅하다. 하지만 이는 인류의 이익을 침해한다.

사실 나는 동물의 권리라는 논리 자체가 성립되지 않는다고 본다. '권리'란 본디 일종의 요구다. 동물은 근본적으로 요구란 개념을 이해하지 못한다. 〈꿀벌 대소동〉의 배리처럼 손해 배상을 요구하는 일은 더더욱 없다. 그렇다고 인간 마음대로 동물을 대해도 된다는 말은 아니다. 우리는 마땅히 동물들을 잘 보살피고 동물들이 불필요한 고통에 노출되지 않도록 할 의무가 있다. 단지 이러한 의무를 갖는 이유는 동물들이 어떠한 권리를 가져서가 아니라 인간이 이성적 존재이기 때문이다.

생명 존중은 환경을 보호하는 또 다른 이유이기도 하다. 이러한 관점에서 모든 생명체는 존중 받아야 마땅하며, 함부로 해쳐서는 안 된다. 식물도 마찬가지다. 알버트 슈바이처(Albert Schweitzer)는 모든 생명체는 동일한 가치를 가지므로 도덕적 고려 대상으로 봐야 한다고 말했다.

문제는 우리의 생존을 위해 다른 생물을 먹어야 한다는 데 있다. 다른 생물들도 동일한 가치를 지닌다면 도살과 생명 존중 사이의 모순을 피할 수 없다. 생명 존중을 주장하는 사람들은 인간의 생존을 위해 동물이나 식물 자체가 아닌 그 생물들의 '생산품'을 먹어야 한다고 주장한다. 예를 들어 우유의 경우 소를 도살하지 않아도 되며, 사과 또한 사과나무를 베지 않아도 된다. 달걀의 경우는 좀 더 세심한 주의가 필요하다. 반드시 무정란만 먹어야 될 테니 말이다!

영화 〈아바타(Avatar)〉는 생명 존중의 중요성을 역설한다. 영화는 2154년 행성 판도라를 배경으로 펼쳐진다. 판도라의 원주민인 나비(Navi) 족은 원시적인 사냥 생활을 하며 자연과 어우러져 살고 있다. 행성 판도라에도 흉악한 야수가 살고 있다. 나비 족은 생존을 위해 야수에 맞서지만 죽이지는 않는다. 설령 생존을 위해 도살하더라도 동물에 대한 감사는 잊지 않는다. 이는 생명에 대한 존중을 표현한다. 인간의 모습은 대조적이다. 희귀 광산을 개발하기 위해 행성 판도라에 도착한 인류는 발달된 과학 기술을 앞세워 무력으로 나비 족을 몰아내고 자원을 얻기 위해 환경 파괴도 마다하지 않는다. 삶의 터전을 지키기 위해 나비 족은 인류와 전쟁을 벌이고 마침내 인류로부터 판도라의 성을 지켜낸다. 이처럼 생명 존중이란 무조건 다른 생물을 먹지 않는 것을 의미하는 것이 아니다. 영화 속 인류가 광산 개발을 위해 판도라의 삼림을 마구 파괴하듯이 함부로 다른 생명을 짓밟지 않은 것을 의미한다.

모든 생명이 지니는 각각의 가치는 의식과 지각 수준을 기준으로 판단할 수 있다. 우리가 알고 있는 생물 가운데 높은 자아의식과 복잡한 감각을 갖고 있는 것은 인류뿐이다. 그 뒤를 잇는 게 고양이(의식은 있으나 자아의식을 표현하지 않는)와 같은 고등 동물이다. 어류나 곤충과 같은 하등 동물들은 의식이나 지각이 전혀 없거나 아주 약간 있다. 식물도 마찬가지고 미생물은 말할 것도 없다. 그러므로 다른 생물에 대한 우리의 도덕적 의무는 그 생물의 의식과 지각의 수준에 따라 차이를 둬야 한다.

만약 위에 말한 기준으로 동물을 대한다면 전통이나 관습과의 마찰은 피할 수 없다. 우리는 일반적으로 돼지는 먹지만 개는 먹지 않는다. 한 연구에서는 돼지의 지능이 개보다 높은 것으로 나타났다. 개를 먹지 않는다면 돼지도 먹어선 안 된다. 또 고래(고래는 포유류다.)의 지능은 매우 높다. 위에서 말한 기준을 적용하면 우리는 고래를 먹어서는 안 된다. 하지만 이는 필경 포경업계의 이익을 침해해 분쟁을 초래할 수도 있다.

지구는 내재적인 가치가 있을까?

—

일각에서는 자연환경은 종족 번식 기능뿐만 아니라 그 자체의 내재적 가치를 갖고 있다고 본다. 혹자는 지구는 생명이 있고 의식도 있어, 환경 파괴가 어느 정도 수준에 달하면 영화 〈해프닝(The Happening)〉처럼 대자연의 반격이 시작될 것이라 말한다. 영화 속 얘기는 뉴욕 센트럴파크에서 시작된다. 많은 사람들이 순식간에 이성을 잃더니 혼잣말을 하고, 급기야 자학을 한다. 사건 발생 초기, 사람들은 문제가 된 독가스의 배후를 테러단체로 지목하지만, 식물학자들은 식물이 방출한 독가스라고 판단한다. 인류의 위협에 대한 자연의 역습이다.

대지윤리론(Land ethics)과 심층생태론(Deep ecology)은 모두 대자연 혹은 지구가 내재적 가치를 지니고 있으므로 함부로 파괴해서는 안 되며, 지혜와 능력을 가진 인류는 생태계 균형과 종의 다원성을 수호할 의무가 있음을 강조한다. 이러한 측면에서 볼 때 비단 생물뿐만 아니라 비생물인 자연환경도 우리의 도덕적 배려가 필요하다.

대지윤리론과 심층생태론

대지윤리론을 주장하는 레오폴드(Aldo Leopold)는 자연환경은 하나의 거대한 사회적 공간이고 그 안의 동물, 식물, 토양, 물 등의 구성원들은 상호 의존한다고 주장했다. 또 인간도 구성원 가운데 하나에 불과하므로 자신의 이익을 위해 자연을 훼손해선 안 된다고 덧붙였다. 심층생태론을 제시한 아르네 네스(Arne Naess)는 인류의 이익의 관점에서 자연자원을 보호하고 오염을 줄이는 데 주안점을 둔 일반 생태학은 '천층(淺層)생태론'이라 지적했다. 반면, 심층생태론은 자연 생태계에 초점을 맞추고 개체의 다양성과 생태계 균형에 주목했다.

문제는 '자연의 균형 상태를 어떻게 판단하느냐'이다. 인류가 출현하기 전에 발생했던 화산 폭발, 지진, 암석 충돌 등의 자연재해는 많은 동물의 멸종을 야기했다. 그렇다면 이는 자연의 불균형을 의미할까? 생물이 생존을 위해 다른 생물을 멸종시켰다면 대자연의 내재적 가치를 손상시킨 걸까? 인류는 생물의 한 개체로서 생존을 위해 환경을 변화시켜왔다. 설령 일부 생물이 멸종됐더라도 이 또한 '자연'의 과정이다. 그럼에도 불구하고 우리는 왜 도덕적 책임을 져야 할까? 거시적인 관점에서 보면 우리는 생물의 진화과정에서 나타나는 자연도태와 적자생존의 원리 속에서 중요한 본보기 역할을 하고 있지 않은가?

생태 균형은 중성적인 용어가 아님에도 우리는 종종 인류의 이익이라는 잣대로 판단하곤 한다. 우리가 멸종위기의 생물을 보호하는 이유는 생태계에서 그 개체의 역할이 매우 중요하기 때문이라고 말한다. 하지만 실상을 들여다보면 여러 생물의 멸종이 생태 환경에 아무런 영향을 미치지 않기도 한다. 우리가 판다를 애지중지 지키는 이유가 단지 판다에 대한 우리 각별한 애정 때문이 아니던가?

만약 지구 자체가 가장 중요한 가치를 갖고 있다면 지구에 대한 최대 가해자는 인류다. 다소 극단적이긴 하지만 지구를 구하기 위해서라면 전체 혹은 대다수의 인류를 없애버리는 것도 합리적인 방법이다. 환경보호주의자의 입장에선 치사율이 높은 전염병, 기근, 전쟁은 호기가 아닐 수 없다. 인구수를 대폭 줄이는 일이 아니던가? 극단적인 환경보호주의자들은 폭력을 통한 투쟁을 벌이기 시작했다. 어쩌면 지구를 지키기 위해 인간의 살생도 마다하지 않는 더욱 심화된 극단주의자가 등장할는지도 모르겠다. 영화 〈데스노트: L 새로운 시작(L: Change the World)〉의 주인공 명탐정 L은 인류를 몰살하려는 테러리스트와의 전쟁을 시작한다. 인류는 내재적인 가치가 없는 것인가? 어째서 지구의 가치가 인류의 가치보다 중요하단 말인가? 영화 〈지구가 멈추는 날(The Day The Earth Stood Still)〉은 이에 대한 답을 제시한다. 높은 지능의 외계 생물체(키아누 리브스)는 지구를 구하고 지구를 오염시킨 인류를 몰살하기 위해 지구에 온다. 그의 논리 구조는 '지구의 멸망은 인류와의 공멸을 의미하지만, 인류의 소멸은 지구의 구조를 의미한다.'이다. 즉, 인류를 먼저 물리치지 않으면 지구와 인류는 공멸하겠지만, 인류를 제거한다면 지구만은 보존할 수 있다는 의미다. 이러한 관점에서 지구의 내재적 가치와 인류의 이익은 잠재적으로 모순된다.

지구의 멸망은 인류와의 공멸을 의미하지만, 인류의 소멸은 지구의 구조를 의미한다!

지구의 내재적 가치와 동물의 이익도 충돌한다. 대지윤리론과 심층생태론은 전체주의적 입장이다. 관심의 대상은 오로지 동물일 뿐, 개체 생물은 아니다. 그들 마음속의 생태 균형을 유지하기 위해 필요에 따라 도살을 통해 생물의 개체수를 통제한다. 그러나 동물의 이익 관점에서의 고려 대상은 개별 동물이므로 동물 수를 통제하기 위한 이와 같은 도살 행위는 반대한다. 또한 동물의 수량 통제를 위한 도살 행위야말로 자연에 대한 간섭이 아니고 무엇이란 말인가?

기독교 vs 도가 사상

—

　혹자는 환경 오염문제는 모든 일을 인간의 이익을 우선적으로 고려하는 인간 중심주의에서 비롯된다고 본다. 조류 독감이 유행했을 당시 인류의 안전을 이유로 감염되지도 않은 조류를 모두 살처분하지 않았던가? 그들은 '무고'하지 않은가? 인류 중심주의의 기원은 기독교에서 찾아볼 수 있다. 〈구약〉에서는 '조물주는 자신의 모습을 토대로 인간을 창조했다. 그리고 그들의 많은 아들과 딸의 후손이 전 세계에 흩어져 살면서 그 땅을 지배하고, 어류와 조류 그리고 모든 동물을 다스리도록 하라.'는 사명을 내렸다고 전한다. 혹자는 바로 기독교가 인간과 자연의 간극을 조성해, 인간은 만물 위에 군림하고 만물은 인류의 이익과 필요를 위한 존재로 전락했다고 본다.

　데카르트와 칸트는 기독교의 인간중심주의를 한 단계 더 발전시켰다. 데카르트는 인간만이 영혼과 육체의 결합체이며, 동물은 영혼이 없는 고깃덩어리에 지나지 않는다고 봤다. 즉, 인간만이 영혼의 특성인 사고 능력과 이성이 있으므로 만물보다 우월하다는 견해다. 칸트는 도덕은 이성적인 존재에만 적용 가능하며, 우리는 인간을 목적 자체로 여겨야지 수단으로 여길 수 없다고 판단했다. 반면 기타 생물은 이성이 없으므로 우리의 목적을 위한 도구라고 봤다.

영화 〈노아(Noah)〉는 기독교의 오명을 씻기 위한 영화라는 느낌을 지울 수 없다. 영화에서 인류가 환경을 파괴하고 자원의 약탈을 일삼으며 다른 생명체를 죽이는 등의 악행이 극에 달하자, 조물주는 홍수를 내려 인류를 멸하고자 한다. 동시에 노아에게 방주를 지어 각기 다른 동물들과 함께 홍수를 피할 것을 명령한다. 영화 속 상황은 오늘날의 환경오염 문제에 대한 경각심을 불러일으키고, 다른 한편으로는 기독교가 뒤집어쓰고 있는 환경 파괴와 관련된 '오명'을 씻어내려 했다. 사실 조물주가 만물을 다스리라고 했지 마음대로 짓밟으라고는 하지 않았다. 이러한 관점에서 본다면 지구를 오염시키고 동물의 서식지를 파괴한 인류는 조물주가 부여한 직무를 유기한 셈이다.

고대 사상 가운데 환경보호에 대해 가장 많은 관심을 기울인 사상으로는 단연 '도가'가 으뜸이다. 물론 노장 시대에는 오늘날과 같은 환경오염 문제가 없었다. 도가는 무위(無爲)를 주장했다. 무위란 '인위적인 간섭의 배제'를 뜻한다. 또한 오늘날의 소비주의와 극명하게 대비되는 소박한 삶을 추구해 인류의 가치관과 태도의 근본적인 변화를 시도했다.

도가의 사상은 넓고도 심오하다. 여기서 모든 내용을 다룰 수는 없으므로 환경보호와 관련된 두 가지 핵심만 짚고 넘어 가자. 우선, 도(道)의 관점, 즉 거시적인 측면에서 고민해 보자. 인간 중심이 아닌 자연 중심이다. 인간 중심 사상은 종종 인간의 이익을 최우선에 놓고, 단기적인 이익에 치중한다. 도가에선 인간을 '나충'에 비유한다. 부단히 번식하고 지구의 자원을 잠식한다. 이것이 바로 인간 이익 중심의 결말이다. 도가의 음부경(陰符經)에서는 '천지, 만물지도. 만물, 인지도. 인, 만물지도(天地, 萬物之盜. 萬物, 人之盜. 人, 萬物之盜)'란 구절을 찾을 수 있다. '천지, 만물지도'는 만물이 천지의 기를 취해 형성됐음을 의미하고, '만물, 인지도'는 인간이 자신을 위해 만물을 이용함을 뜻한다. 예를 들어 벌목해 집을 짓고, 실을 뽑아 옷을 짓고 오곡과 가축을 먹거리로 이용한다. '인, 만물지도'는 인간이 만물을 취하려는 것을 반대한다는 의미다. 인간이 물욕에 빠지면 물질의 노예가 되고 심지어 목숨도 잃게 된다. 도의 관점에서 볼 때 인간과 만물은 상호 의존적인 관계다. 천지·만물·인간은 반드시 균형을 이뤄야 한다. 또 다른 핵심은 노자가 주장한 세 가지 덕목인 '자애(慈)', '검소(儉)', '겸손(不敢爲天下先)'이다. '자애'는 어머니의 특성

이다. 도는 만물을 생(生)하므로 도는 만물의 어머니다. 노자는 '자고
능용(慈故能勇, 자애심이 두터우면 자연히 용기가 생긴다)'이라 했다. 자
애로운 어머니는 아들과 딸을 용감하게 지키고, 자애로운 사람은 환
경을 용감하게 지킬 수 있다는 의미다. '자애'가 인간에 대한 배려라
면 '검소'는 만물을 대하는 태도다. 검소함은 근검하며 욕망을 절제
해 지나친 소모를 막는다. 이것이 바로 노자가 말한 '소사과욕(少私
寡慾, 사적인 욕망이 적다)'이다. 노자는 또 '검고능광(儉故能廣, 검소하
니 풍요롭다)'이라 했는데 의미를 풀어보면 자연 자원의 소중함을 모
두 안다면 자원을 독점하거나 낭비하지 않을 것이고, 모든 이가 이
용할 수 있다는 뜻이다. '불감위천하선(不敢爲天下先)'은 겸양을 말한
다. 노자는 '불감위천하선, 고능성기장(不敢爲天下先, 故能成器長)'이
라 했다. 천하의 선봉에 서려 하지 않는 사람이야말로 진정한 리더라
는 의미다. 환경오염은 전 지구적인 문제다. 어느 나라이든 독자적
으로 행동해선 곤란하다. 단 하나뿐인 지구다. 영화 〈월-E〉 속 인류
처럼 우주로 가지 않는 이상 환경오염 문제는 반드시 풀어야 할 숙제
다. 각국이 힘을 모아야 하며, 진정한 리더가 절실하다. 물론 자국의
이익에 눈이 멀어 범국가적 시각의 접근이 어려운 부시 같은 부류는
당연히 불합격이다.

　혹자는 도가가 주장하는 소박한 생활태도는 소비주의 이외에도 과
학 기술 지상주의의 가치관과도 배치된다고 본다. 〈장자〉 속 한 우화

에 나오는 채소를 가꾸는 한 노인은 기계를 이용하지 않는다. '기계를 사용하면 꾀를 부리게 된다'는 이유에서다. 효율을 따지면 계산하게 되고, 계산은 결국 부러움과 질투를 낳아 인간의 마음을 사악하게 만든다는 논리다. 과학 기술은 분명 편리하다. 문제는 우리는 더 이상 과학 기술 없이는 살 수 없다는 점이다. 환경보호라는 난제도 과학 기술의 발전을 통해서만 해결 가능하다. 정말 장자의 생각처럼 과학 기술의 본질에 대한 논의가 필요한 걸까? 게다가 오늘날의 경제는 지속적으로 소비가 이뤄져야만 유지되는 구조다. 영화 〈투모로우〉에 등장하는 기후 학자는 부통령에게 이상 기후의 가능성을 제기하지만 돌아온 답변은 "지금 시급한 문제는 기후가 아니라 경제요"란 말이었다. 나는 이따금씩 '당시 대선에서 부시가 아닌 고어가 당선됐다면 정말 상황이 나아질 수 있었을까?' 하는 생각을 해보곤 한다.

과학 기술의 이기를 외면하고, 경제 성장을 억제한 채 현 상태를 유지하는 것은 이제 불가능한 현실이 돼버렸다. 하지만 개개인의 입장에서라면 도가사상에 기대 자연과 어우러지는 삶을 추구해볼 수 있지 않을까?

결론

—

어느 누구도 공공연하게 환경보호를 반대하지는 않는다. 그럼에도 불구하고 환경보호를 하는 데는 각기 다른 이유가 따르고, 그 이유들 사이에서 갈등이 생기기도 한다. 앞서 말한 내용을 토대로 환경을 보호하는 이유는 네 가지로 요약해볼 수 있다. 첫째, 인류 자신의 이익, 둘째 지각이 있는 생물의 이익, 셋째 생명 존중, 넷째 지구의 내재적 가치 수호다. 네 가지 이유가 적용되는 범주는 이유를 거듭하며 확대된다. 첫 번째는 인류, 두 번째는 인류를 포함한 일부 동물이 포함되며, 세 번째는 모든 동물에 적용된다. 네 번째는 생물뿐만 아니라 비(非)생물, 더 나아가 지구까지 포함한다. 그러나 인류의 이익과 지구의 내재적 가치는 잠재적인 모순 관계다. 영화 〈지구가 멈추는 날〉에서 지구를 보호하기 위해 인류를 멸종시키려는 계획이 등장하는 이유가 바로 여기에 있다.

환경을 보호해야 하는 이유

앞서 말했듯이 동물에게 '권리'란 개념을 적용할 수는 없다. 소위 '개체 권리'와 '지구의 권리'등의 말들은 그야말로 '권리'란 개념을 남용한 결과물이다. 동물은 도덕적 의미를 이해할 수 없을뿐더러 책임에 대한 부담도 없다. 이러한 동물에게 의무를 이행하라고 요구한다면 황당무계하기 짝이 없는 일임에 분명하다. 개가 사람을 물었다고 가정해보자. 개한테 도덕적인 책임을지라고 할 수 있겠는가? 하지만 이 말을 동물에 대한 인간의 책임이 전혀 없다는 뜻으로 듣는다면 오산이다. 다만 모든 생명이 동등한 가치를 갖는다는 견해는 선뜻 받아들이기 어렵다. 어찌 인간과 모기의 가치가 같을 수 있는가? 인간

중심주의는 단지 인간의 이익을 최우선시한다. 하지만 그렇다고 해서 무조건적으로 다른 동물의 이익을 부정하진 않는다. 개체 본연의 가치는 그 지능과 능력, 그리고 느낌 혹은 감각 등에 의해 매겨진다. 희소성과는 무관하다. 만약 희귀한 종의 거미가 있다면 그 거미가 인간보다 더 큰 생명적 가치를 갖는가? 물론 인간이 가장 중요한 가치를 지닌다고 해서 다른 동물, 더 나아가 전 지구에 대한 도덕적 배려를 간과해선 안 된다. 인간의 가치가 중요한 이유는 도덕적 능력을 갖췄기 때문이 아니던가? 권리의 개념을 다른 동물이나 지구에 적용시킬 수 없다고 해서, 책임과 배려 등의 개념까지 적용하지 않는다는 의미는 아니다. 세계가 하나로 통합되면서 우리는 초국가적인 윤리가 필요해졌다. 환경 논리도 예외가 아니다.

지구는 다른 행성과 마찬가지로 매우 적막한 별이었다. 그러나 생명체들이 출현하면서 다원화되고 더욱 아름다워졌다. 만약 단 하나의 생명체도 없었다면 지구가 이렇게 중요한 가치를 가지게 됐을까? 그 가운데 가장 중요한 생명은 바로 '인류'다. 인류만이 이성이 있고 가치를 가진 주체이기 때문이다. 지구를 구하기 위해 가치 실현의 유일한 주체인 인류를 소멸시킨다는 것은 참으로 어리석은 발상이다.

선진국들의 환경은 이미 파괴됐고, 후진국이나 개도국의 환경도 머지않은 미래에 더 많이 파괴될 것이다. 우리는 지금 KTX를 타고 있는 것이나 마찬가지다. 갑자기 뛰어내린다면 큰 부상을 면하기 어렵다. 하지만 이 상황이 계속된다면 환경에 대한 파괴가 더욱 심화될 것은 부정할 수 없는 사실이다. 그나마 실질적인 방법은 자연이 감당할 수 있는 수준을 따져보고 비용과 효익의 균형점을 찾는 것이다. 하지만 어떻게 하든 북극 빙하의 지속적인 융화나 개체수의 감소는 피할 수 없는 미래다. 지금 우리가 할 수 있는 일은 그 속도를 늦추는 것뿐이다.

환경오염 문제는 인류 문명 발전의 전환점이 될 수도 있다. 지구 온난화의 주 요인은 우리가 배출하는 대량의 이산화탄소다. 이는 재생 불가능한 석유나 천연가스, 메탄 등의 사용으로 발생한다. 이 에너지들의 고갈이 머지않았다. 새로운 청정에너지 개발이 시급한 실정이다. 혹자는 영화 〈지구가 멈추는 날〉에 등장하는 박사가 말한 것처럼 현대 문명은 전환이 필요하다. 인류 문명의 발전은 한계점에 직면했다. 전환만이 지속적인 발전을 이끌 수 있다. 영화 속 고지능 생물들이 우주시대로 접어들면서 더 많은 책임을 지는 것과 같이 말이다.

자아

한 번은 지인들과 차를 마시다 요즘 젊은이들에 대한 얘기를 나누게 됐다. 그중 연장자인 한 명은 요즘 젊은이들이 너무 '자아'만을 중시하고, 다른 이의 감정 따윈 안중에도 없다며 비난했다. 또 다른 한 명은 젊은이들이 '자아'를 키우기 위해 더 많이 배우고 견문을 넓혀야 한다고 말했다. '자아'는 참으로 기이한 개념이다. 너무 '자아'만 중시한다고 하면 '자기중심적', '이기주의' 혹은 '사리사욕'만 채운다는 식의 부정적인 의미를 띤다. 반면 '자아'를 잃었다고 하면, 이때는 '자주성'이나 '진정한 나'를 의미하는 긍정적인 의미를 띤다.

'자아'라는 개념은 축소해서 해석할 수도 있고, 확대해서 해석할 수도 있다. 자신의 이익과 감정만 우선시한다면 '소아(小我)'일 테지만, '나'를 '국가'나 '우주'로 확대해서 본다면 '대아(大我)'다. 이 밖에도 '자아'는 여러 가지 의미가 있다. 모든 사람의 '보편성'을 가리키기도 하고, 각자의 '독특함'을 가리키기도 한다. 이번 편에서는 '자아'라는 개념을 분석해보고 이와 밀접한 관계를 갖는 '자아의 이해'와 '자아실현'에 대한 얘기를 나눠보자.

나는 누구인가?

—

'나는 누구인가'라는 이 진부한 철학 문제는 다소 억지스럽다. 질문의 '나'는 문제를 제기한 사람인데, 기억을 잃지 않고서야 어느 누가 자신에 대해 아무것도 모를 수 있단 말인가? 영화 〈나는 누구인가?〉 속 주인공(성룡)처럼 기억을 잃었을 경우에나 '나는 누구인가?'라고 물을 수 있는 게 아니겠는가?

물론 그리 간단한 문제는 아니다. '나는 무엇인가?' 혹은 '나는 누구인가?'라고 묻는 사람은 아마도 '진짜의 나'를 찾고 있는지도 모른다. 그렇지만 '진짜의 나'는 또 무슨 의미인가? 이 또한 여러 가지 해석이 가능하다. '진짜의 나'는 변하지 않는 나라고 볼 수 있다. 예를 들어 플라톤은 사람이 죽은 후 육신을 떠난 영혼은 영원하지만, 남은 육신은 부패하므로 영혼이 바로 진정한 나라고 봤다. 불가에서도 비숫한 견해를 찾을 수 있다. 영혼은 윤회하며 다른 이의 몸을 빌리기도 한다. 많은 영화가 이러한 부분에서 모티브를 얻기도 한다. 영화 〈사랑과 영혼(Ghost)〉에서 남자 주인공의 영혼이 한 점성술가에 빙의하면서 여주인공과의 스킨십이 가능해진다. 몸은 비록 점성술가지만, 실제론 남자 주인공이다. 영혼의 빙의는 영화에서 쉽게 볼 수 있는 소재이며, 특히 서양의 공포영화에 자주 등장하는 내용이다. 중국의 도가에서는 영혼이 다른 이의 몸에 들어가 자기의 생명을 연장하곤 한다. 이를 '탈사(奪舍)'라고 한다. 홍콩 영화 〈워크 인(WalkIn)〉에 등장하는 경찰 토미(황즈화)는 사건 수사 중 큰 부상을 입지만 지혜로운 노인(우칭롄)의 도움으로 탈사를 통해 강도(리시우셴)에게 빙의되면서 두 인물 사이에서 갈등한다. 영혼의 빙의라는 소재는 또 남녀 주인공의 몸이 바꾸면서 일어나는 재밌는 에피소드를 담은 싱가포르 영화 〈저스트 팔로 로(Just Follow Law)〉에서처럼 희극적 효과를 낳기도 한다.

만약 영혼이 바로 자아라면, 영혼의 특성은 무엇일까? 플라톤은 영혼을 이성, 기개, 욕망으로 구분하고, 이를 자아의 구조라고 봤다.

플라톤의 영혼 삼분설

플라톤은 영혼의 세 부분인 이성, 의지, 욕망을 신체의 세 부분에 대응시키며 이들이 조화로운 균형이 바로 공정이라고 주장했다. 플라톤은 유토피아에서 영혼의 세 부분을 사회 계층에도 대응시켰다. 그 내용에 따르면 통치 계층은 지혜, 전사는 나라를 수호하기 위한 용기, 생산 계층은 욕망에 대한 절제가 필요하며, 이 세 계층의 조화로운 공존은 사회가 공정해지는 것을 의미한다.

영혼	신체	품성	사회
이성	머리	지혜	통치계층
기개	가슴	용기	사병계층
욕망	배	절제	생산계층

흥미롭게도 프로이트(Sigmund Freud) 또한 자아의 구조를 세 부분(프로이트는 육체로부터 독립적으로 존재하는 영혼은 인정하지 않았다)인 이드(id), 자아(ego), 초자아(superego)로 구분했다. 이드는 욕망의 본능(플라톤의 말한 욕망과 유사)이자, 인간의 생명력이다. 초자아는 사회 규범을 말하며, 이상을 대표한다. 반면, 자아는 자신이 인지하는 현실(플라톤의 말한 이성과 유사)의 이드와 초자아의 중간에 존재한다. 한편으로는 이드의 욕망을 만족시키고자 하고, 다른 한편으로는 초자아의 규범을 지켜야 하기 때문에 자아일 때는 갈등을 겪을 수밖에 없다. 프로이트의 관점에서 보면 욕망을 지나치게 억제할 경우 이

드, 자아, 초자아의 균형을 깨트려 정신적인 문제를 야기할 수 있다. 하지만 플라톤의 관점에서는 오히려 이성을 통해 욕망과 기개를 절제할 수 있어야만 정신이 건강하다고 할 수 있다.

플라톤 vs 프로이트

플라톤이 제시한 이성과 욕망은 프로이트의 자아 및 이드와 유사하다. 기개의 경우, 초자아와 다른 개념이지만 이성과 자아의 협력을 통해 욕망을 통제하는 기능은 동일하다.

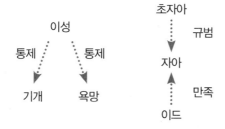

자아의 동일성

—

　영혼의 존재를 어떻게 증명하느냐는 영혼설의 최대 난제다. 물론 일부 사람들은 자신의 영혼을 보거나, 소환하거나 느낄 수 있는 특수한 능력이 있다고 말한다. 하지만 지금까지 영혼의 존재를 입증할 만한 결정적인 증거는 없는 상태다. '죽음'편의 결론에서 말했듯이 나는 영혼이 존재한다고 믿는다. 영혼설이 직면한 또 다른 문제는 '자아 동일성'이다. 즉, 수차례의 환생을 거듭한 영혼이 과연 하나의 동일한 영혼인가에 대한 의문이다. 이 문제는 앞서 '죽음'편에서도 제기한 바 있다. 영화 〈무적의 소림쿵푸 마스터(Running On Karma)〉의 여주인공 이봉의는 전생에 일본 병사로 참전해 많은 사람을 죽였다. 그 이유로 현세에서 응징을 받게 될 것이라는 사실을 알게 된 그녀는 과연 이게 공평한 것인지에 대해 의구심을 품게 된다. 왜 전생을 책임져야 하는가? 우리는 영화 〈심사관 2(The Mad Monk)〉에서 그 답을 찾을 수 있을지도 모른다. 제공(주성치)은 본래 청룡장군 나한이 환생해 속세에 내려온 것이었다. 그는 전생에 사원 관리자였다. 현세에서 전생의 금불상을 본 제공은 돌연 본래의 자신인 청룡장군 나한을 기억해낸다. 영화는 자아 동일성 문제에 대한 해결의 실마리를 제공하면서 특정한 상황에선 우리가 전생의 경험을 떠올릴 수 있음을 암시한다.

영혼의 환생을 믿지 못하더라도 기억은 자아 동일성의 근거를 제공한다고 볼 수 있다. 영화 〈로보캅(RoboCop)〉의 경찰 부대는 범인 검거 현장에서 심한 부상을 당한 머피를 로봇 경찰로 개조한다. 비록 몸은 로봇이지만 생전을 기억하고 있는 그는 여전히 머피다. 만약 동일한 몸에 여러 가지 기억을 가졌다면 이는 한 사람일까, 두 사람일까? 영화 〈토탈 리콜(Total Recall)〉은 이에 대한 답을 제시한다.

2084년을 배경으로 하는 영화 〈토탈 리콜〉에서는 가상의 경험을 주입하는 기술을 개발한다. 주인공 퀘이드(콜린 파렐)는 이 기술을 이용해 스파이의 위험천만한 삶을 살아보고자 한다. 하지만 그 과정에서 과거의 기억이 삭제되고, 현재의 기억만이 주입된다. 문제를 파헤쳐 가는 과정에서 그는 자신의 본래 신분이 화성에서 온 간첩 하우저이며, 화성 독재자의 지시에 따라 지하 조직에 잠입해 반대파 우두

머리를 해치우기 위해 기억을 지웠다는 사실을 알게 된다. 비록 퀘이드와 하우저는 한몸이지만 기억은 다르다. 어쩌면 전혀 다른 두 사람이다(퀘이드의 기억은 주입한 것이지만 퀘이드가 된 후, 겪은 일들은 모두 사실이다). 성격도 완전 딴판이다. 퀘이드가 선량한 사람이라면 하우저는 악당이다. 퀘이드는 결국 하우저로 돌아가는 길을 포기하고 반대파를 도와 화성의 독재자에 대항한다. 이는 기억 배후에 존재하는 좀 더 심층적인 또 다른 자아가 선량한 사람의 손을 들어준 것을 의미하는 것이 아닐까?

영화 〈다크 시티(Dark City)〉는 기억을 자아동일성으로 보는 기준에 대해 도전장을 내미는 듯하다. 도시의 경관과 기억을 개조할 수 있는 기술을 가진 외계인은 지구인을 대상으로 실험을 한다. 매일 지구인의 기억과 도시 환경을 변모시키고 그들의 반응을 살핀다. 외계

인이 주인공에게 연쇄살인범의 기억을 모두 주입하기도 전에 주인공은 깨어난다. 그는 마치 기억상실증 환자처럼 살인범의 신분으로 본래 자신을 추적한다. 영화는 마치 인간의 개성이나 성격이 기억보다 더 오래 지속되며, 오히려 자아 동일성의 근거로 더욱 적합하다는 메시지를 던지고 있는 것 같다.

데카르트의 실체이원론

데카르트(Rene Descartes)는 실체를 물질과 영혼으로 구분했다. 인간은 두 가지 실체의 결합이고, 영혼의 특성은 '사유'한다는 점이다. 실체이원론은 플라톤 영혼론의 현대판이라 할 수 있다. 그러나 데카르트는 플라톤에 비해 이성을 더욱 강조했으며, 느낌과 성격 등도 영혼이 갖는 중요한 특징이라 봤다.

자아의 이해

—

만약 인간의 본질이 영혼에 있다면, 영혼의 본질은 사유하는 데 있다. 그렇다면 사유의 본질은 무엇인가? 나는 성찰과 자아이해를 하며 개인이 성장하고 발전할 수 있는 원인인 자아의식이 아닐까 생각한다. 고대 그리스의 델파이 신전에 가면, '너 자신을 알라'라는 글귀가 있다. 영혼의 환생은 차치하고 우선 경험적 측면에서의 자아의 이해에 대해 살펴보자. 앞서 말한 바와 같이 기억을 잃은 경우를 제외하고는 자신이 누구인지, 이름이 뭔지, 무슨 일을 하는지에 대해 모르는 사람은 없을 것이다. 자신을 안다는 것은 아마도 자신이 성격이나 잠재력 혹은 장단점들에 대한 이해를 의미하는 게 아닐까?

자아는 많은 영화가 다루는 주제다. 대개의 영화가 주인공이 특정한 이유로 본래 삶의 터전이나 소속을 떠나 또 다른 삶을 경험하면서 새로운 자신을 발견하는 내용들이다. 이 과정에서 성장하고 '진정한 나'를 찾기도 하며, 과거의 속박에서 벗어나 새로운 인생을 시작하기도 한다. 영화 〈센과 치히로의 행방불명〉의 치히로는 본래 유복한 가정에서 사랑 받고 자란 여린 꼬마 아가씨다. 어느 날 치히로는 엄마, 아빠를 찾던 중 길을 잃어 불가사의한 마을에 들어선다. 치히로는 마법에 걸린 후 자신의 단점을 알고 씩씩하고 용감한 소녀로 거듭난다. 바로 자신에 대한 이해이자, 자아의 발전을 보여준 좋은 예다.

'교육'편에서 다뤘던 영화 〈굿 윌 헌팅〉의 주인공인 윌은 불우한 어린 시절을 보냈다. 부모로부터 버림받고, 입양된 후에도 학대를 받았다. 이러한 배경은 사람에 대한 불신을 낳았고, 윌의 마음속 방어기제는 견고해지면서 감정을 억누르는 데 익숙해져갔다. 윌은 더 이상 상처받기 싫었다. 하지만 윌의 마음속에는 종종 갈등이 생기곤 했다. 예컨대 수학 교수의 난제를 풀었지만 자신의 능력이라 인정하고 싶지 않았다. 사실 윌은 수학뿐만 아니라 심리학 등 다른 분야의 지식도 섭렵하고 있었다. 하지만 가장 중요한 한 가지가 부족했다. 바로 자신에 대한 이해였다. 다행히도 심리학 교수 숀의 도움으로 마음속 실타래를 하나하나 풀어간다. 또 연인과 사랑을 나누면서 상대방의 평가를 통해 자신을 이해하기도 한다. 이러한 의미에서 보면 자신에 대한 이해는 과거의 굴레에서 해방됨을 의미하기도 한다. 이러한 해방은 이해가 선행돼야 한다. 이해의 과정을 거치지 않은 해방은 너무 위험하다. 개인이든, 국가든 마찬가지다. 과거 전통 사상을 타파하고자 했던 5.4 운동은 사실 일종의 '파괴'였다.

사람은 선천적인 잠재력과 한계를 갖고 태어난다. 그리고 살아가면서 전통이나 가정, 사회, 그리고 언론 매체와 학교로부터 영향을 받으며 신분, 성격, 능력을 만들어 나간다. 하지만 우리는 이러한 요소들에 무관심한 채 살아간다. 우리 스스로 '나는 누구인가'라는 질문을 던질 때 비로소 자신이 과연 어떤 사람일까에 대해 고민한다. 영화 〈늑대와 춤을(Dances With Wolves)〉의 주인공(케빈 코스트너)은 미군 장교다. 그는 전쟁의 허망함을 깨닫고 황무지로 뒤덮인 변경 지역 근무를 자원한다. 황무지 생활을 하던 중 그는 인디언들을 박해하는 백인들을 보고 자신의 신분 정체성에 대한 위기의식을 느낀다. 주인공 스스로 자원한 변방 근무도 자아를 찾는 과정으로 이해할 수 있다.

반성할 줄 아는 인간의 능력은 어른이 돼서야 비로소 발휘된다. 그 시기쯤이면 전통이나 부모님 혹은 사회 등의 요소는 우리에게 꽤 많은 영향을 미치고 있을 것이다. 사람은 누구나 다른 이로부터 인정받고 싶어 한다. 이는 자신이 사회적 역할을 훌륭히 수행하고 있음을 의미한다. 하지만 사회적 규범은 종종 우리에게 족쇄를 채우기도 한다. 애니메이션 영화 〈개미(Antz)〉 속 일개미 Z는 자신의 신세를 한

탄하며 개인과 사회의 갈등을 촉발시킨다. 물론 규범이라고 모두 합리적이진 않다. 불합리한 규범으로 인한 억눌림은 불평등과 피해를 낳는다. 과거 중국에도 여성에 대한 차별이 존재했다. '전족'만 생각해봐도 알 수 있다. 신분이나 성별로 인한 차별 이외에도 과거 남아프리카공화국에서 시행했던 인종 분리 정책과 같은 인종차별도 존재한다.

사회가 현대화되면서 양성평등 의식은 크게 제고됐다. 하지만 여성이라는 이유로 받는 차별은 여전히 잔존해 있다. 영화 〈델마와 루이스(Thelma and Louise)〉는 델마와 루이스라는 두 주인공이 사회적인 압박으로부터 벗어나는 여정을 그렸다. 평범한 가정주부인 델마의 단점이라면 늘 어울려 놀기를 좋아하고 의존적이란 점이다. 사내대장부라는 그녀의 남편은 그녀에게만은 막말을 서슴지 않고 사사건건 간섭한다. 어쩌면 델마는 자주성이 없는 듯하다. 델마의 좋은 친구인 루이스는 델마보다 강하고 용감하다. 두 주인공은 자가용을 타고 여행길에 오른다. 델마는 한 바에서 만난 남자에게 강간을 당할 뻔했지만, 루이스의 도움으로 큰일은 면하게 된다. 하지만 분노를 참지 못한 채 이 강간 미수범을 살해하면서 두 여인은 돌연 도주자 신세로 전락한다. 그 와중에 델마가 만난 또 다른 남자는 그녀의 돈(루이스가 델마에게 맡겨둔 돈이다)을 모두 훔쳐 달아난다. 마침내 델마는 자신의 잘못이 무언지 깨닫고 강인하고 독립적인 사람으로 변모한다. 루이스의 돈을 메워주고자 마트를 털다가 경찰에 붙잡힌 델마는 더 대담하게 경찰을 제압한다. 그녀가 이렇듯 딴사람이 된 데는 바로 자신의 단점과 남성 중심 사회에서 자신이 억눌려 살았다는 걸 깨달았기 때문이다. 델마의 반항은 자주성을 찾기 위한 이유 있는 반항이었다.

인간은 누구나 부모나 자녀, 학생이나 선생님, 고용주나 고용인과 같은 일정한 사회적 역할이 있다. 이는 우리가 특정한 규범을 지켜야 하며, 지키지 않았을 경우 비판을 피할 수 없음을 뜻한다. 자아를 찾는다는 것은 이러한 규범에서 벗어나거나 특정한 사회적 역할을 내려놓는 게 아닐까? 영화 〈파이트 클럽(fight club)〉은 이 관점에 동의

하는 듯하다. 불면증으로 병원을 찾은 주인공에게 의사는 심리그룹에 참여해보길 권유한다. 하지만 마음속 고통을 치유하지는 못한다. 사실 그의 근본적인 문제는 자신이 하는 일에서 가치와 의미를 찾지 못하는 데 있었다. 훗날 그는 '파이트 클럽'이라는 지하 조직을 결성해 각계각층의 전혀 다른 배경을 가진 사람들을 모은다. 치고받을 때야말로 사회에서의 신분이나 지위에서 벗어나 새롭게 자신을 이해할 수 있을 거라 생각한 까닭이다.

여기서 한 가지 짚고 넘어가야 할 문제가 있다. 만약 자아가 사회화의 결과라면 사회적 속박에서 벗어난 자아는 무엇일까? 어쩌면 타고난 본성과 잠재성이 사회적인 규범이나 특정한 사회적 역할로 인해 자아의 실현을 방해 받았지만, 사회의 속박에서 벗어나 새로운 자신을 발견하면서 소위 '진정한 나'를 발견한 것일지도 모르겠다. 그렇다면 진정한 나는 인간의 본성이나 개개인의 특성을 가리키며 또 자신이 추구하는 인간형을 결정지어 자주성을 표출하는 것이라고 볼 수 있다.

또 다른 단계의 자아이해가 있다. 바로 도가의 주장이다. 노자는 '지인자지, 자지자명(知人者智, 自知者明)'이라 했다. 의미를 풀어보면 다른 이를 이해하는 것도 중요하지만 더욱 중요한 것은 자신을 이해해야 한다는 뜻이다. 소위 '계명(啓明)'이다. 노자가 말한 자신을 이해하는 것은 앞서 말한 내용보다 더 심오한 뜻을 내포하고 있다. 바로 도의 관점에서 자신을 이해하는 것이다. 다시 말해 타인과 나의 관계를 이해하고 자신의 고집을 버려야만 자신의 몸과 마음의 눈을 뜰 수 있다는 의미다. 장자가 말한 '장주몽접(裝周夢蝶)'이나 '어지락(魚之樂)'과 같은 만언 등은 나와 너의 경계를 허물고 '나와 네가 통하는' 이치를 보여준다. 인생을 살면서 나타나는 수많은 집착은 모두 너와 나의 구분에서 비롯된다. 내가 나이고 네가 너이니 나와 너는 갈등하고 다툰다. 장자가 주장한 만물일체(萬物一體)가 바로 '제물론(齊物論)'의 제물이다. 도의 관점에서 보면 만물은 차이가 없다. 제물은 만물을 동일시한다. 귀천의 구분도 없다. 만물일체의 입장에서 보면 너와 나의 경계를 없애면 인간은 정신적 굴레를 벗어나 물아(物我)를 잊을 수 있는 경지에 도달한다. 이 또한 이해가 해방보다 먼저 이뤄져야 함을 말해준다.

자아실현

—

    '교육'편에서 말한 바와 같이 자아실현은 최소한 두 가지 의미를 갖는다. 하나는 인간 본질의 실현이고, 다른 하나는 인간의 여러 가지 잠재력의 발현이다. 전통적인 철학에서 말하는 자아실현은 전자에 속하며, 이는 인생의 의미이자 아름다운 인생을 위한 목표다. 인간의 본성은 선하다고 한 유가에서는 선한 본성의 실현이 품격 있는 사람이 되는 것이며, 이것이야말로 의미 있는 인생이라 본다. 아리스토텔레스는 인간의 본질은 이성이며, 이를 충분히 실현하고, 사색하는 삶을 아름다운 인생이라고 봤다. 두 번째 의미의 자아실현은 뛰어난 운동선수나 예술가처럼 자신의 잠재역량을 십분 발휘해 최고를 추구하는 것을 의미한다. 이는 매슬로(Abraham H. Maslow)가 말한 자아실현과 유사하며, 현대 문화가 추구하는 바이기도 하다.

우선 두 번째 의미의 자아실현에 대해 얘기해보자. 나는 자신에 대한 이해가 자아실현의 선결조건이라 생각한다. 자아실현이란, 자신의 잠재력이 이끌어내는 것이기 때문이다. 만약 자신의 잠재력을 모른다면 어떻게 실현할 수 있겠는가? 물론 잠재력을 한눈에 알아볼 수 있는 천재라면? 자신의 잠재력을 알아가는 과정을 거치지 않고, 잠재력이 가리키는 방향으로 노력을 기울이면 탁월한 성과를 낼 수

매슬로의 욕구단계이론

매슬로는 인간은 다섯 단계의 동일한 욕구가 있다고 봤다. 단계가 낮을수록 그 욕구는 우선된다. 자아실현은 최고 단계의 욕구다. 자유로운 환경 속에서 잠재력을 발전시킬 수 있어야 한다. 진실과 정의 등과 같은 가치를 추구하는 것도 이에 속한다. 잠재의식을 말하는 심리학은 인간의 어두운 면에 주목하지만, 매슬로는 정면에서 인간의 심리적 진화를 관찰했다.

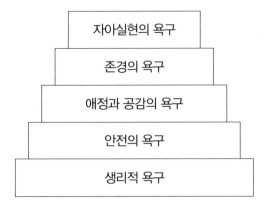

있다. 하지만 자신에 대한 이해 없이 잠재력에만 주목하는 것은 다소 위험할 수 있다.

실화를 바탕으로 한 영화 〈샤인(Shine)〉은 어느 천재의 자아실현 과정을 조명했다. 영화 속 주인공인 음악 천재 데이비드(제프리 러시)는 어릴 적부터 아버지로부터 많은 사랑을 받으며 자랐다. 하지만 교육만큼은 엄격하신 아버지의 뜻은 반드시 따라야만 했다. 조금이라도 흐트러지면 곧 매가 따랐다. 데이비드는 아버지의 말이라면 무조건 따르고 마침내 아버지가 원하는 뛰어난 피아니스트로 성장한다. 데이비드는 어린 나이에도 불구하고 각종 대회에서 상을 휩쓴다. 그러다 단 한 번 1등을 내주고 만다. 데이비드의 아버지에게 이는 실패를 의미했다. 데이비드는 이러한 아버지를 견뎌내지 못하고 정신병을 얻는다. 얼마 후 데이비드는 영국 황실 음악학원의 초청으로 영국 유학의 기회를 잡는다. 한 걸음 발전된 자신을 만날 기회임이 분명하지만, 아버지의 반대는 완강하다. 데이비드는 아버지와 연을 끊기로 결심한다. 하지만 이 어려운 결정으로 데이비드는 결국 정신분열증을 얻고 요양원 신세를 진다. 시간이 흐른 뒤 사랑과 관심 속에 데이비드는 다시 밝게 빛나기 시작한다.

데이비드는 불행했다. 하지만 그도 일정 부분 책임이 있다. 실존주의의 논리에 따르면 그는 자신에 대한 인지와 반성이 없었다. 또 아버지의 가치관에 종속된 채 자주성을 상실했다. 실존주의는 인간이 본질이 있다는 주장을 부정하며 '존재가 본질에 우선한다'는 명언을 남겼다. 인간은 결정을 통해 자신을 만든다. 실존주의는 객관적인 가치도 부정한다. 가치는 단지 개인의 주관적인 선택이라는 논리다. 그럼 어떻게 결정해야 하는가? 가장 좋은 방법은 개인의 특성에 따라 자아를 실현하는 것이 아닐까 생각한다. 자아실현을 고려할 때 실존주의의 장점은 자체적으로 내린 결정에 무게를 둔다는 점이다. 하지만 인간의 자주성에 대한 지나친 과대평가는 맹점으로 지적되기도 한다. 모든 개개인은 선천적이거나 후천적인 한계를 갖고 있다. 즉, 자신이 결정한다고 해서 모두 이룰 수 없다는 의미다.

사람은 누구나 자신만의 잠재력을 갖고 있지만, 그렇다고 해서 모든 사람이 자아를 실현할 수 있는 것은 아니다. 자아실현이 천부적 재능 외에도 꾸준한 노력과 오랜 시간의 수련이 동반돼야 하는 까닭이다. 때로는 우리 삶 속의 가치관이나 규범, 혹은 줬진 사회적 역할 등이 자아실현의 걸림돌로 작용한다. 예술가들의 삶이 대표적인 예다. 이러한 측면에서 개인과 사회는 잠재적 모순관계라 할 수 있다. 물론 개인과 사회가 반드시 대립각을 세우지는 않지만, 일부 사회의 억압된 환경은 개인의 자아실현을 가로막기도 한다. 과거 나치와 스탈린에게 짓눌렸던 독일과 러시아의 예술가들이 어떻게 핍박 받았는지 우리는 익히 잘 알고 있지 않은가?

다시 자아실현의 첫 번째 의미로 되돌아가보자. 개인이 발전하고 사회가 어우러지는 데는 갈등의 소지가 없다. 유가에서의 자아실현은 훌륭한 품성을 배양하는 것이다. 이러한 품성은 사회에서 좀 더 나은 역할을 하도록 하고, 더 나아가 사회 질서를 유지한다. 그러므로 개인의 발전은 바로 사회가 원하는 바라고 말할 수 있다.

《대학(大學)》에서는 '천자로부터 서인에 이르기까지 모두 수신을 근본으로 삼는다(自天子以至於庶人, 壹是皆以修身爲本)'고 했다. '선(善)'이 인간의 본질이므로 모든 이가 잠재된 도덕적 역량을 실천에 옮겨야 한다는 의미다.

문제는 첫 번째 의미의 자아실현을 강조하면 두 번째 의미의 자아실현을 가로막을 수도 있다는 점이다. 인간의 본질이 이와 같다면 이 본질을 실현하기 위해선 개인의 잠재력은 뒷전이 될 수밖에 없는 까닭이다.

맹자의 자아 발전

맹자는 도덕적 실천을 통해 신과 통할 수 있는 경지에 이를 수 있으며, 이것이야말로 도덕의 잠재력을 충분히 발휘하는 것이라 여겼다.

제1단계 가욕지위선(可欲之謂善): 친근하고 싶어지게 하는 것을 선하다고 함

제2단계 유제기지위신(有諸己之謂信): 선한 덕성을 지니고 있어 정직하다 함

제3단계 충실지위미(充實之謂美): 충만하게 채워져 있어 아름답다 함

제4단계 충실지위미(充實之謂美): 충만하게 채워져 있어 아름답다 함

제5단계 충실이유광휘지위대(充實而有光輝之謂大): 충만하게 채워져 있으며 눈부신 것을 위대하다 함

제6단계 성이불가지위신(聖而不可知之謂神): 불가사의할 만큼 성스러워 신이라 함

결론

—

    영혼은 과연 존재할까? 만약 존재한다면 그 구조는 어떨까? 지금의 과학 수준으로는 이에 대한 답을 내놓을 수 없다. 하지만 플라톤이 제시한 영혼의 삼분법은 참고할 만하다. 그러나 플라톤은 이성을 통한 욕망의 억제를 지나치게 강조한 나머지 감정의 가치를 간과했다. 이에 반해 프로이트는 욕망의 본질을 직시하고, 이를 예술이나 인생의 의미를 찾는 중요한 동력으로 파악했다. 영화 〈파이트 클럽〉의 주인공(브래드 피트)은 사회의 억압을 받지 않는 새로운 나를 만난다. 흄(David Hume)도 감정은 인생의 향방을 결정짓는 중요한 요소라고 주장했다. 욕망과 감정은 부정적인 요소가 아니라 인생을 이끌어가는 동력이다. 흄은 욕망과 감정으로 인한 부정적인 결과를 화원의 잡초에 비유했다. 잡초는 제거할 수 있지만 또 자라기 마련이다. 만약 독성 제초제로 일거에 제거한다면 그와 함께 아름다운 꽃들의 향연도 더 이상 즐길 수 없지 않겠는가?

나는 플라톤의 자아 구조를 지식, 감정, 기개로 고쳐봤다. 이는 칸트가 비판한 세 가지 주제이기도 하다. '지식'과 '기개'는 플라톤의 '이성'과 '기개'에 대응된다. '감정'은 플라톤이 말한 욕망을 대체한다. 여기서 내가 주장하는 또 다른 의미의 자아실현이란 지식, 감정, 기개라는 잠재력을 발현해, 좀 더 완벽한 사람이 되는 것을 뜻한다. 지식은 지성과 이성이다. 다시 말해 우리가 얻은 지식과 사물을 이해하는 능력이다. 그러나 방대한 양의 지식과 끝없는 배움이 지향하는 바

칸트의 3대 비판과 자아

칸트는 인간의 주체적 능력인 인지, 기개, 감정에 대한 깊이 있는 성찰을 통해, 그의 3대 비판서인 〈순수 이성 비판〉, 〈실천 이성 비판〉, 〈판단력 비판〉을 남겼다. 이는 인류의 3대 중요 영역인 지식, 도덕, 예술과 대응된다. 칸트는 자아라는 문제에 관해 인지, 기개, 감정과 대응되는 '무엇을 알 수 있는가?', '무엇을 행해야 하는가?' 그리고 '나는 무엇을 기대할 수 있는가?'라는 세 가지 문제를 제기했다.

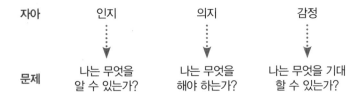

자아	인지	의지	감정
	⋮	⋮	⋮
	↓	↓	↓
문제	나는 무엇을 알 수 있는가?	나는 무엇을 해야 하는가?	나는 무엇을 기대할 수 있는가?

는 무엇인가? 그건 바로 자신과 관련된 지식이다. 그러므로 가장 중요한 지식은 다름 아닌 자신에 대한 이해다. 감정은 인간의 감수성을 의미한다. 감수성이 최고조에 이르렀을 때 잉태되는 것이 예술이다. 이성을 강조한 플라톤은 감정을 억눌렀다. 그의 유토피아에서 예술가들이 발붙이지 못했던 이유가 바로 여기에 있다. 그렇다고 해서 플라톤이 감정을 무시한 것은 아니다. 단지 예술의 가치에 대해 무지했을 뿐이다. 기개는 결단력을 말한다. 자아란 부단히 만들어 나가는 과정이다. 매번의 선택이 축적돼 기개를 배양하고, 자주성이란 꽃을 피운다.

상술한 자아실현은 두 가지 자아실현의 중간쯤이라 할 수 있다. 이는 우선 인간은 본질이 있으며 모든 사람이 세 부분으로 구성된 자아 구조를 갖고 있음을 인정한다. 하지만 이는 인간의 성향을 중시하고 인생의 목적이나 가치의 다양성을 인정한다는 점에서 전통적인 본질주의와는 결을 달리한다. 다른 한편으로는 개인의 특별한 잠재력을 성공적으로 이끌어내기 위한 지식, 감정, 기개의 능력은 모두 필수불가결한 요소다.

매년 입시철이 되면 학생들과의 진학상담이 이어진다. 일반적으로 많이 받는 질문은 다름 아닌 학과 선택의 조건이다. 자신의 흥미인지, 부모님의 기대인지, 혹은 경영학과와 같은 '주류'인지 말이다. 물론 나는 자신의 흥미라고 답한다. 일부 학부모들이 극렬히 반대할 경우, 부모와의 갈등을 피하기 위한 방편으로 학생들에게 타협을 조언하기도 한다. 학생들 스스로 자신에 대해 충분히 이해하지 못한 상황에서 내린 섣부른 진로 결정은 추후 독이 될 수도 있다.

나는 원래 예술학도였다. 내 경험에 비춰볼 때 예술학도들 대부분은 누구보다 강렬한 열정을 갖고 있다. 하지만 졸업생 중 절반 이상이 예술과 무관한 일을 하고 있는 실정이다. 심지어 예술에 대한 흥미마저 잃기도 한다. 이는 당연히 개인의 선택이다. 옳고 그름을 판단할 수 있는 일이 아니다. 앞서 말한 것처럼 자아는 부단히 만들어가는 과정이다. 만일 훗날 자신이 진정으로 좋아하는 일을 찾고 자립할 능력을 갖춘 후, 다시 결단을 내린다 해도 결코 늦지 않는다.

나에게 대학이란 나를 이해하고 인생의 향방을 재설계할 수 있었던 시간이자, 공간이었다.

사랑

최근 '애국'을 둘러싼 논쟁에 또 불이 붙었다. 무엇이 애국인지는 차치하고라도, '국민은 응당 나라를 사랑해야 한다'라는 논조 자체가 문제다. 사랑은 감정이다. 감정이란 자연스레 생기는 것이므로 자유 의지의 범주에 속하지 않는다. 그런 의미에서 나는 '응당 나라를 사랑해야 한다'는 논조 자체가 말이 되는지 의문스럽다. 물론 사랑과 의지가 전혀 무관하다는 얘기는 아니다. 사랑은 때로 책임을 의미하기도 한다. 자식에 대한 아버지의 사랑에 대한 책임을 다하려면 바로 의지가 필요하다.

사랑은 인류에게 가장 근본적이고도 중요한 가치다. 나는 사랑이 가치의 모체이고, 모든 가치는 사랑으로부터 파생된다고 생각한다. 숱한 기념일은 모두 사랑이라는 키워드와 연결된다. 밸런타인데이는 말할 것도 없고, 어버이날 노래의 경우 자식에 대한 부모의 마음을 표현한다. 청명절에는 제사를 통해 조상들에 대한 경애심을 표한다. 크리스마스는 본래 아기 예수의 탄생을 기념하는 날이지만, 예수가 사랑의 대명사이듯 크리스마스의 진정한 의미는 소외계층에게 사랑을 베푸는 데 있다. 서양의 크리스마스 시즌 영화들 대부분은 이를 소재로 한다.

사랑이란 무엇인가?

—

    사랑이란 무엇인가? 사랑에는 양면성이 존재한다. 필요하기도 하고 나누기도 한다. 외로움이 두려운 인간은 사랑이 필요하다. 누군가와 관계를 맺어야 하고, 어려울 때 도움을 받기도 한다. 인간이 사랑을 추구하는 이유는 부족해서다. 철학을 공부하는 것은 배움을 좋아해서다. 지혜가 부족한 인간이 배움을 추구하듯 사랑이 부족한 우리는 사랑을 갈구한다. 나눔은 배려다. 이러한 논리에서 필요한 것은 사랑을 받는 것이고, 나누는 것은 사랑하는 것이라 말할 수 있다. 우리가 사랑을 하는 이유는 되돌아오는 것이 있기 때문이다. 설령 되돌아오는 게 없더라도 우리는 계속 사랑할 것이다. 우리는 사랑을 해야 하니까. 일전에 반사회적 경향을 가진 사람들을 만날 기회가 있었다. 주변에 사람이라곤 찾아볼 수 없고 심지어 안부조차 나눌

지 모르는 그들은 애완동물을 키우고 있었다. 그들에겐 애완동물이 바로 사랑하는 대상이다.

에리히 프롬(Erich Fromm)은 《사랑의 기술(The art of love)》에서 배려, 책임, 존중, 이해를 사랑의 네 가지 기본요소로 꼽았다. 나는 사랑의 본질은 배려라고 생각한다. 배려는 책임을 내포한다. 중국인들은 정(情)과 의(意)를 연결하기 좋아한다. 소위 유정유의(有情有意)란 말의 '정'은 사랑을 의미하고, '의'는 책임을 의미한다. 이해와 존중도 빼놓을 수 없는 중요한 요소로, 사랑의 '질'을 높인다. 하지만 이해와 존중이 부족하다는 이유로 사랑이 아니라고 단정지을 순 없다. 하지만 이들이 배제된 사랑은 가끔 비극을 불러오기도 한다. '교육'편에서 다뤘던 영화 〈죽은 시인의 사회〉 속의 닐은 아버지의 반대로 연극 무대에 설 수 없게 되자 스스로 목숨을 끊는다. 그렇다고 닐의 아버지가 닐을 사랑하지 않았을까? 닐의 아버지는 단지 군사 학교가 닐에게 좀 더 나은 미래를 펼쳐줄 것이라 믿었을 것이다. 안타깝게도 그 과정에서 닐의 개성과 흥미, 그리고 닐의 결정에 대한 이해와 존중이 부족했고, 끝내 그와 같은 비극이 벌어진다.

'죽음'편에서 살펴본 영화 〈굿바이〉 속 주인공의 아내도 처음에는 납관사라는 남편의 새 직업을 받아들일 수 없었고, 다른 일을 구하길 바랐다. 하지만 그렇다고 해서 그녀가 주인공을 사랑하지 않은 것은 아니다. 단지 이해와 존중이 부족했을 뿐이다. 시간이 흐르고 그녀는 납관사라는 남편의 직업을 받아들인다. 모두 남편에 대한 이해와 존중이 있었기 때문에 가능한 일이었을 것이다.

사랑은 인류의 자연스러운 본능이다. 인간은 사랑을 받기도 하고 주기도 해야 한다. 하지만 사랑이란 자체도 이해와 존중을 필요로 한다. 결국 사랑도 학습이 필요하다.

사랑의 유형

—

'백행이효위선(百行以孝爲先)'이라 했다. 백 가지 일 중에 효가 가장 먼저라는 의미다. 이는 유가의 가치관을 잘 반영한다. 하지만 '선(先)'은 시간의 앞섬을 의미하기도 한다. 바꿔 말해 효는 우리가 가장 처음 발전시킨 덕목이라 할 수 있다. 과거에는 일반적으로 가정에서 태어나다보니 제일 처음 대면하는 사람은 자연히 부모였다. 효는 부모에 대한 사랑이다. 우리가 최초로 발전시켜온 덕목이 효라지만 부모에 대한 사랑이 가장 최초의 사랑은 아니다. 갓난아기에게 너와 나의 구분이란 없다. 도움이 필요하면 부모의 보살핌을 받는다. 그는 세계와 하나다. 그러므로 인간 최초의 사랑은 바로 자신에 대한 사랑이다. 자신에 대한 사랑은 중요하다. 이는 사랑의 출발점이며, 다른 사랑으로 발전하는 토대다. 만약 초기에 어긋나 버린다면 오로지 자신만을 생각하고 남에 대한 동정심이란 찾아 볼 수 없는 나르시시즘에 빠질 공산이 크다.

자신에 대한 사랑은 모든 사랑의 기초다. 자신을 사랑할 줄 아는 사람이 다른 사랑도 잘할 수 있다. 사랑은 인간관계의 사랑과 비인간 관계의 사랑으로 구분된다. 전자에는 가족 간의 사랑과 우정, 그리고 애정이 있다. 가족 간의 사랑이란, 말 그대로 부모 자식 간의 사랑이다. 친구 사이의 사랑인 우정은 초등학교 입학과 함께 시작된다. 애정은 연인 간의 사랑으로, 이르면 사춘기에 찾아오기도 한다.

세 가지 사랑 가운데 가족 간의 사랑은 가장 자연스럽고도 본능적인 사랑이다. 동물들도 이러한 사랑을 한다. 내가 글을 쓸 당시 딸아이는 생후 3개월 즈음이었다. 딸아이를 볼 때마다 말 그대로 통제 불가능할 정도의 벅차오르는 감정을 느꼈다. 그제야 비로소 '딸 바보'라는 의미를 이해할 수 있었다. 가족 간의 사랑은 핏줄로 연결된다지만, 혈연관계가 아니라고 해서 가족 간의 사랑으로 발전할 수 없는 건 아니다. 영화 〈심플 라이프(A Simple Life)〉의 타오 여사(엽덕한)와 도련님(유덕화)의 주종 간에 쌓인 정도 일종의 가족 간의 사랑이다. 누군가와 함께한 시간만큼 가족과 같은 마음도 생기기 마련이다. 가족 간의 사랑이란 결국 친밀함을 바탕으로 하기 때문이다. 영화 〈그렇게 아버지가 된다(そして父になる)〉는 낳은 정과 키운 정이라는 어

려운 문제를 풀어나간다. 영화 속 두 집안은 아이가 바뀌었다는 사실을 6년이 지나서야 알게 된다. 료타(후쿠야마 마사하루)는 '애지중지 키운 아이를 내주고 자신의 핏줄과 다시 새로운 삶을 살아야 하는가?'라는 난제에 직면한다. 벌써 6년이다. 친자식이 아닌들 6년 동안 키운 정이 그리 쉽게 사라질 리 만무하다.

가족 간의 사랑은 억지로 생길 수 없다. 자연스럽게 만들어진다. 하지만 연인과의 사랑이나 친구 간의 사랑은 우선 자신이 사랑스러운 존재로 변신해야 한다. 세상에서 가장 강렬한 사랑은 무엇일까? 두말 할 것 없이 연인 간의 사랑이다. 가장 황홀하고 매혹적이기도 하지만 가장 짧게 끝날 수도 있는 만큼, 오래 지속되기 위한 노력이

필요하다. 흥행 돌풍을 일으켰던 영화 〈타이타닉(Titanic)〉은 짧지만 강렬한 여운이 남는 사랑 얘기로 관객의 심금을 울렸다. 물론 사랑의 맹세가 모두 거짓이라고 말하는 것은 아니다. 단지 사랑은 금세 식어버릴 수 있기에 약속이 필요하단 뜻이다. 세상 어느 엄마도 자식에 대한 사랑을 맹세하지 않는다. 두말하면 입 아플 만큼 자명한 사실이기 때문이다. 또 친구 간에도 어려울 때 도와주겠노라 서약을 하진 않는다. 이 또한 말하지 않아도 마음으로 통하는 일이다. 프롬(Erich Fromm)은 사랑의 진정한 의미는 다른 이와의 어우러짐에 있다고 주장했다. 가족이나 친구 간의 사랑에 비해 연인 간의 사랑은 가장 완벽한 어우러짐이다. 어우러짐을 토대로 한 완전한 사랑이라면 각자의 개성마저도 유지할 수 있다.

현대 사회는 연인 간의 사랑을 특히 중요시하지만, 고대 사회는 우정을 더 중시했다. 중국의 선조들은 '선비는 자기를 알아주는 사람을 위해 죽는다(士爲知己者死)'라는 명언을 남겼고, 우정을 그린 영화 〈명장(The Warlords)〉 속 친구 간의 대화에서도 잘 나타난다. '한 날 한 시에 죽자'와 '내 형제를 죽인 자는 반드시 내 손으로 죽인다'라는 그들의 대화는 다소 섬뜩하기까지 하다. 고대 그리스에서도 우정을 중시했다. 아리스토텔레스는 좋은 벗은 또 다른 나이며, 나를 이해하는 데 도움을 준다고 했다. 스스로 선택할 수 있고 의기투합해 비로소 친구가 될 수 있다는 점에서 보면 우정은 세 가지 유형의 사랑 가운데 가장 이성적이라 볼 수 있다. 이에 반해 연인 간의 사랑은 맹목적이라고 말한다. 과장된 측면이 없지 않지만 연인 간의 사랑은 대개 부지불식간에 찾아오고 심지어 이성을 마비시키기도 한다. 굳이 설명할 필요조차 없는 가족 간의 사랑은 태어날 때부터 정해져 근본적으로 선택의 여지조차 없다.

우정과 마찬가지로 애정도 서로의 변화를 이끌어내는 촉진제가 되곤 한다. 오스틴의 명작을 각색한 영화 〈오만과 편견(Pride and Prejudice)〉이 이를 입증한다. 영민하고 부유한 귀족인 주인공 디아시는 오만한 성격의 철벽남이다. 반면, 평민 출신의 여주인공 엘리자베스는 독립적이고 당찬 여성이다. 무도회에서 처음 만난 엘리자베스에게 반한 디아시는 고민을 거듭한 후 청혼하지만 이내 거절당한다. 엘리자베스는 지난 무도회에서 다아시가 자신을 깔본다는 말을 우연히 듣고 자존심이 상해 있었다(오만은 'Pride'의 번역이며, 'Pride' 또한 자존, 허영의 의미가 있다). 하지만 디아시는 누군가를 탓하기보단 스스로 반성하고 변화를 시도한 끝에 엘리자베스의 마음을 얻는다. 영화는 연인 간의 사랑은 사람을 좀 더 완벽하고 아름답게 변화시킨다는 것을 말해준다.

인간 간의 사랑 외의 사랑이라면 자연에 대한 사랑이나 국가에 대한 사랑, 혹은 조물주에 대한 사랑 정도를 생각해볼 수 있다. 그 가운데 조물주의 사랑은 인간과의 사랑과도 밀접한 연관성을 지닌다.

어찌 보면 고차원적인 사랑이다. 조물주의 사랑은 그에 대한 인간의 사랑과 인간에 대한 그의 사랑을 의미한다. 완전무결(만약 조물주도 사랑이 필요하면 인간이 필요하므로 조물주가 필요한 것이다)하다고 여겨지는 조물주는 인간의 사랑이 불필요하다. 인간이 조물주를 사랑하는 것은 부족한 인간이 조물주와의 어우러짐을 원하기 때문이다. 조물주와의 어우러짐은 결코 조물주가 되는 것을 의미하진 않는다. 그렇다면 조물주의 사랑은 어떤 사랑일까? 어머니의 사랑과 같은 무조건적인 사랑이다. 한 가지 차이라면 어머니는 자기 자식만을 위한 무조건적인 사랑이라면 조물주는 모든 이에게 베푸는 무조건적인 사랑이다. 우리는 조물주의 아들과 딸이 아니던가? 또 조물주의 사랑은 사심이 없다. 유가의 인애, 묵가의 겸애, 불교의 자비란 말 모두 사심 없는 사랑의 다른 표현이다. 사랑의 대명사인 예수는 성경에서 다음과 같이 말했다. '사랑은 참고 인내하며, 질투하지 않고 오만해선 안 된다. 부끄러운 일을 하지 않으며 자신의 이득을 꾀하지 않는다. 함부로 분노하지 않고 다른 이를 험담하지 않는다.' 이것이야말로 조물주의 사랑에 대한 최고의 해설이다. 조물주를 사랑하는 것은 그의 사랑을 실천하는 것이다. 다른 이를 사심 없이 사랑하고, 그에 대한 보답으로 조물주에게 좀 더 가까이 다가갈 수 있다. 조물주에 대한 사랑은 연인 간의 사랑처럼 모든 것을 바치는 사랑이다. 연인 간의 사랑이 연인과의 결합을 의미하듯이 말이다.

사랑의 진화

앞서 제시한 사랑의 진화는 단지 시간의 순서에 불과할 뿐. 가치의 경중을 의미하지 않는다. 조물주의 사랑이 반드시 연인 간의 사랑보다 더 우월하다고 할 수 없으며, 연인 간의 사랑이 꼭 가족 간 혹은 친구 사이의 사랑보다 더 가치 있다고 할 수 없다. 또한 이는 일반적인 상황을 설명한 것이므로 연인 간의 사랑을 못해 봤다고 조물주의 사랑으로 진화할 수 없는 것은 아니다.

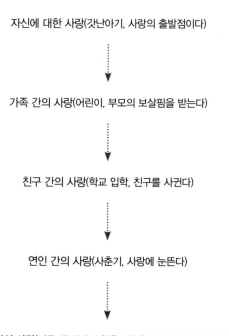

자신에 대한 사랑(갓난아기, 사랑의 출발점이다)

↓

가족 간의 사랑(어린이, 부모의 보살핌을 받는다)

↓

친구 간의 사랑(학교 입학, 친구를 사귄다)

↓

연인 간의 사랑(사춘기, 사랑에 눈뜬다)

↓

하느님의 사랑(어른, 존재의 근원을 사유한다. 사랑의 종착점이다)

고대 그리스의 여섯 가지 사랑

고대 그리스는 사랑을 여섯 가지 유형으로 나눴다. 이는 오늘날까지도 사랑의 본질을 이해하는 데 많은 도움이 된다. 예를 들어 아버지에 대한 어린 딸의 사랑은 에로스에 가까운데, 이는 아버지에게 의존하고 싶은 본능적인 욕망에서 비롯된다.

Eros	욕망 혹은 성과 관련된 사랑 예) 육체적인 사랑
Philia	상대방이 잘되기를 바라는 사랑 예) 우정
Agape	신의 사랑
Iudus	남녀가 자신의 이상형을 찾으며 나타나는 유희하듯 즐기는 사랑
Pragma	공동의 목적을 위해 협력하며 나타나는 사랑 예) 부부의 사랑
Philautia	자기애

비극적 사랑

—

사랑은 분명 아름답다. 하지만 때론 고통과 증오, 질투와 파멸이라는 무서운 결과를 초래하기도 한다. 사랑의 이면을 안다면 그로 인한 불행을 최소화할 수 있지 않을까?

앞서 말한 것처럼 사랑은 받기도 하고, 주기도 한다. 하지만 사랑은 또 우리의 의존성을 부각시켜 끊임없이 요구하게 만든다. 특히 연인 간의 사랑이나 가족 간의 사랑이 그렇다. 불교에는 '좋은 마음으로 한 일이 오히려 큰 불행을 몰고 온다'라는 말이 있다. 쉽게 말해 '인자한 어미에겐 패악한 아들만 있다'라는 의미다. 사랑은 분명 이성적이어야 한다.

사랑은 아름답다. 연인과의 이별, 가족의 죽음과 같이 사랑한 이를 잃는 고통은 그래서 더욱 아프다. 영화 〈천국보다 아름다운(What Dreams May Come)〉 속 남자 주인공 크리스(로빈 윌리엄스)는 사랑하는 아내, 예쁜 아이들과 누구보다 행복하고 평온한 삶을 산다. 하지만 불현듯 닥친 사고로 아이들을 잃고 만다. 끔직한 고통 속을 헤매다 조금 나아질 무렵 또 다른 불행이 엄습한다. 크리스의 죽음이었다. 홀로 남겨진 아내 애니는 또 한 번의 충격으로 감당할 수 없는 고통과 슬픔에 절망한다. 크리스가 자신을 배웅하지 않았더라면 어땠을까? 자신이 아이들을 데려다줬더라면 그렇게는 보내진 않았을 텐데…. 끝없는 자책과 죄책감에 결국 그녀는 자살을 선택한다. 자살한 애니는 지옥으로 가게 되고 천국에 있던 크리스는 그녀를 찾기 위해 모험을 강행한다. 모든 일은 결국 벌어진다. 사랑 뒤엔 이별이라는 큰 슬픔이 따른다. 이 슬픔을 어찌 감내해야 할까? 그래서 예술이 필요한지도 모르겠다. 아름다움이란 애상(哀傷)을 애도(哀悼)로 바꾸는 능력을 가졌으니 말이다.

사랑으로 인한 슬픔이라면 우리는 으레 연인 간의 비극적인 사랑을 떠올린다. 반면, 아무런 고통도 없어 보이는 가족 간의 사랑은 쉽게 간과하곤 한다. 이 또한 불행의 씨앗이 될 수 있음을 모른 채 말이다. 사랑도 억압과 보복이란 이름으로 변하기도 한다. '자아'편에서 얘기했던 〈샤인〉의 주인공 데이비드의 경우를 살펴보자. 그의 아버지는 데이비드를 출중한 피아니스트로 성장시켰다. 하지만 데이비드는 영국 유학을 반대하는 아버지(데이비드를 품 안에 두고 싶었던 게 아닐까 싶다)와의 절연을 선언하고 결국에는 정신분열을 일으킨다. 사랑이라는 미명하에 자행된 억압과 간섭은 상처만 남긴다.

사랑의 콩깍지가 씌면 아무것도 보이지 않기 마련이다. 설령 잘못인 줄 알면서도 행동에 옮긴다. 영화 〈용의자 X의 헌신(容疑者Xの献身)〉은 이를 잘 보여준다. 물리학자 유카와에게는 대학시절 친구인 천재 수학자 이시가미(츠츠미 신이치)가 있다. 그는 옆집에 사는 야스코를 흠모한다. 어느 날 야스코의 전남편이 돈을 요구하며 야스코를 찾아온다. 야스코는 자신과 딸에게 손찌검을 하는 전남편과 실랑이를 벌이다 그만 살인을 저지른다. 그녀를 위해 이시가미는 자신이 죄를 뒤집어쓰기로 결심하고, 철저한 알리바이를 준비한다. 경찰을 따

사랑에 논리 따윈 없다고!
그럼 또 어때?

돌리기 위해 무고한 사람도 희생시킨다. 사랑을 위한 이시가미의 헌신을 인정하지 않을 수는 없지만, 무고한 사람을 살해한 것은 어쨌거나 잘못이다.

전쟁에서 애국전사들이 얼굴색 하나 변하지 않고, 무고한 사람의 목숨을 빼앗듯이 지나친 사랑은 큰 비극을 초래할 수 있다.

앞서 제시한 영화 〈그렇게 아버지가 된다〉 속 아이들은 도대체 누가 바꿨을까? 그건 바로 당시 주인공의 행복한 가정을 질투하던 병원의 간호사였다. 그녀는 사랑을 잃자 다른 사람도 자신과 같은 고통을 마주하길 바랐다. 질투가 낳은 상처다. 친구 사이에 질투는 흔한 일이다. 앞서 말했듯이 친구란 마음이 통하는 만큼 많은 부분에서 공통된 목표를 추구한다. 그러다 둘 중 하나가 조금 앞서게 되면, 다른 하나는 질투하게 된다. 종종 연락하고 지내는 한 화가는 미술계에서 꽤나 높은 명망(물론 실력을 바탕으로 이룬 성과다)을 누리고 있는데, 그 명망만큼 주변 동료들의 질투어린 시선을 감당해야 했다. 영화 〈아마데우스(Amadeus)〉에 등장하는 궁정음악가 살리에리는 겉으론 모차르트의 좋은 친구인 척 하지만, 뒤에선 그의 천재성을 질투한 나머지 그를 죽일 음모를 꾸민다. 혹자는 진정한 우정은 질투하지 않고, 진정한 사랑은 증오하지 않는다고 말한다. 이는 이성적인 우정과 사랑에 국한될 뿐이다.

나 또한 증오와 질투가 없는 품격 있는 사랑을 꿈꾼다. 증오와 질투는 당연히 나쁘다. 그런데 이 두 가지의 발생 요인이 다르다는 점은 주목해 볼만하다. 증오는 사랑에 대한 보답이 없을 경우 발생한다. 예를 들어 친구와 좋은 마음으로 지냈지만 그 친구가 당신을 험담하거나 괴롭힌다면 당신은 자연히 그를 증오하게 될 것이다. 당신의 좋은 마음에 상응하는 보답이 없었기 때문이다. 그가 당신을 험담한다면 대개 당신의 성과에 대한 질투심에서 비롯됐을 공산이 크다. 증오와 질투의 또 다른 차이는 증오의 경우 그 과정에서 쾌감을 얻을 수 있는 반면 질투의 고통은 순전히 내 몫이다. 결론적으로 헤어진 연인과 서로 증오하는 것이 실연의 고통을 줄일 수 있는 좋은 방법인 셈이다.

사랑과 성

—

    사랑에는 여러 가지 유형이 있지만 그 가운데 연인과의 사랑만이 '성(性)'과 관련된다. 플라톤의 말에 따르면 상고시대에 사람은 네 손, 네 발 달린 생물이었으나, 하늘을 분노케 해 하늘의 신이 둘로 갈라 남자와 여자가 됐고, 이후 자신의 반쪽을 찾아 다시 완전체가 되길 소망하게 됐다. 따라서 연인 간의 사랑은 정신적인 하나를 의미할 뿐만 아니라 육체적으로도 하나가 됨을 의미한다. 후자가 바로 '성'이다. 혹자는 연인 간의 사랑은 신성하나 '성'은 불결하므로 성에 대한 욕망이 적을수록 그 사랑은 고결하다고 주장한다.

    기독교에서는 성은 부부에게만 국한된 것으로 본다. 혼전 순결을 지키지 않거나 불륜을 저지르는 것은 비윤리적인 행위로 봤다. 성관계가 출산으로 직결되던 전통사회에서는 혼전 혹은 혼외 성관계가 양육에 부정적인 영향을 끼친다고 생각했다. 아이는 가정에서 자라는 것이 가장 건강하고 바르게 자랄 수 있기 때문이다. 현대의 발달된 피임기술과 인공 수정은 성관계와 생육을 분리시켰다. 우리는 더 이상 아이의 출산과 양육에 대한 걱정 없이 성적 쾌락을 만끽할 수 있다.

심지어 일각에선 사랑과 성을 구분짓기도 한다. 밀란 쿤데라의 소설《참을 수 없는 존재의 가벼움(The unbearable lightness of being)》을 영화화한 〈프라하의 봄(The Unbearable Lightness Of Being)〉은 이 문제를 심도 있게 다뤘다. 공산당 통치하의 프라하에 사는 남자 주인공 토마스는 자유로운 영혼을 가진 매력적인 의사다. 그는 여주인공 테레사와 결혼했지만, 여전히 다른 여인들과의 문란한 관계를 정리하지 못한다. 이로 인해 아파하는 테레사에게 토마스는 다른 여인들과는 단지 사랑 없는 성관계만 있을 뿐이라고 해명하며, 사랑 있는 성관계는 오직 테레사와만 가능하다고 강조한다. 테레사를 위해 많은 희생도 감내할 만큼 그녀에 대한 토마스의 사랑은 진심이다. 그러면서도 토마스는 테레사에게 다른 이와의 잠자리를 권하기도 한다. 어쩌면 합리적인 것 같기도 하다. 만약 사랑이 이해와 존중을 내포한다면 테레사는 토마스의 자유분방함을 존중해야 할까? 사랑한다면 반드시 한 사람만을 바라봐야만 할까?

어떤 의미에서 보면 성과 사랑은 구분지을 수 있다. 사랑 없는 성관계가 가능한 것처럼, 성관계 없는 사랑(성 불능)도 충분히 가능하다. 토마스가 주장하는 성과 사랑의 구분은 이보다 한수 위다. 도덕적인 문제는 잠시 접어두고라도 우리가 넘어갈 수 없는 부분은 토마스와 같이 여러 명과 성관계를 갖는 경우다. 이는 분명 그와 테레사의 애정 전선에도 영향을 줄 뿐만 아니라 사랑의 품격도 떨어뜨린다. 지고지순함은 아름다운 사랑으로 승화되는 데 중요한 요소다. 사랑하는 사람에 대한 한결같은 마음은 자기 자신도 잊을 만큼의 행복을 가져다준다. 과연 토마스가 이러한 행복을 느껴봤을는지 의문스럽다. 토마스와 그의 수많은 애인들은 정말 사랑 없이 성관계만을 원하는 것일까? 그 가운데 하나인 사바나는 토마스와의 관계가 절대 사랑 없는 성관계만은 아니라고 생각한다. 사랑은 배타성을 지닌다. 제삼자가 끼어들 자린 없다. 테레사의 질투는 합리적인 것이다. 이점이 바로 연인 간의 사랑이 가족과 친구 사이의 사랑과 구분되는 점이다.

나는 토마스와 같은 사랑을 추구하는 사람이 과연 있을까 싶다. 만약 있다면 그 복잡한 인연으로 인해 아무 일도 일어나지 않을 수 있을까? 그렇다면 실로 불가사의한 일이 아닐 수 없다. 또 토마스가 하는 사랑도 사랑이라면, 정말 사랑의 품격이 조금도 훼손되지 않을 수 있을까?

골드만의 성과 사랑 분리론

현대 철학자 골드만은 성행위와 사랑, 생육과 결혼은 필연적인 관계가 아니라고 주장한다. 성관계는 단지 성적 필요에 의한 것이지 사랑과는 아무런 관계가 없으며, 사랑이 반드시 성관계를 통해서만 표현할 수 있는 것은 아니란 의미다. 물론 강간은 잘못된 것이다. 이는 자신이 원치 않는 일을 강요하는 것이며, 상처를 남기기 때문이다. 또 배우자를 기만하는 행위인 혼외 성관계도 잘못된 행태다. 다시 말해 성관계에도 상식적인 도덕규범을 적용해야 한다. 골드만은 성과 사랑의 분리는 성욕과 애정의 혼란을 예방하고 결혼이 성욕 해소용으로 전락하는 것을 방지해 사랑과 혼인 관계의 안정성에 기여한다고 강조했다.

기독교는 동성애를 비도덕적인 행위로 규정해 이를 비판하고 금기시한다. 중세 신학자인 아퀴나스(Thomas Aquinas)는 '성관계의 목적은 출산과 양육이므로, 이러한 기능이 없는 동성애는 잘못된 것'이라고 주장했다. 그는 같은 이유로 피임과 쿤닐링구스도 반대했다. 일각에서 동성애는 동성에 대한 나르시시즘으로 이성을 배척한다고 본다. 또 혹자는 동성애와 양성애를 동일선상에 놓고, 동성애자의 대다수가 사랑 없는 성관계를 하는 양성애자라고 주장한다.

리앙 감독이 메가폰을 잡은 영화 〈브로크백 마운틴(Brokeback Mountain)〉은 마치 위의 관점을 반박하기 위한 영화같다. 영화는 동성 간의 사랑도 자연스럽게 찾아올 수 있으며, 성관계 또한 사랑의 자연스런 결과라고 말한다. 영화는 1960년대 미 서부를 배경으로 펼쳐진다. 두 주인공인 애니스와 잭은 젊은 시절 목장에서 일하며 알게 된다. 브로크백에서 재회한 두 사람은 감정을 억누르지 못하고 성관계까지 맺는다. 사회적 규범에 따라 각자 결혼도 하고 아이도 낳았지만 여전히 약속한 시간이 되면 그 곳으로 향한다. 잭은 아내와의 이혼을 결심하고, 애니스와 남은 시간을 함께 하길 원하지만, 애니스는 차마 용기가 나지 않는다. 시간이 흐른 뒤 잭은 뜻밖에 사고로 세상을 떠난다. 애니스는 잭의 마지막 소원을 이뤄주고자 브로크백으로 돌아와 그의 유골을 묻고 잭이 지내던 집으로 간다. 그 곳에서 애니스는 잭이 당시 브로크백에서 입었던 셔츠와 그 안에 고이 쌓아둔 자신의 셔츠를 발견한다. 애니스에 대한 잭의 애절함이 잘 묻어나는 대목이다. 영화는 '누구나 마음 속 브로크백 마운틴이 있지 않은가'를 묻는다. 혹자는 이를 모든 사람은 양성애자라는 의미로 이해할 수도 있을 테다. 하지만 나에게는 모든 이가 한결같은 지고지순한 사랑을 꿈꾼다는 메시지로 들려온다.

사랑과 성의 결합, 그리고 성과 생식 기능의 연결은 조물주가 인류에게 내린 시련(혹은 농락?)이 아닐까? 인간의 수많은 번뇌가 바로

아름다움의 여섯 단계

플라톤은 아름다움을 여섯의 단계로 구분하고, 이는 인간의 정신적 진화의 단계라고 했다. 그리고 사랑이 바로 이 진화를 촉진하는 동력이라고 봤다.

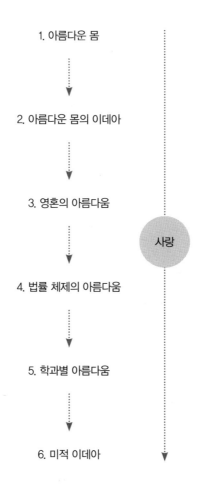

이로 인해 발생한다. 사실 조물주는 〈드래곤 볼〉에 등장하는 나메크족처럼 연장자의 몸에서 분리되거나, 영화 〈그렘린(Gremlins)〉의 모과이처럼 물에 닿으면 또 다른 모과이가 탄생하는 것과 같이 성관계를 하지 않고도 단성번식이 가능한 인류를 창조할 수도 있었다.

플라톤은 인간의 영혼을 쌍두마차에 빗대어 표현했다. 마차를 끄는 마부는 이성을, 백마는 기개를, 흑마는 욕망을 의미한다. 아름다운 연인을 만났을 때 백마는 이데아세계를 향해 내달리지만, 흑마는 아래 단계를 향해 내달린다. 연인과의 결합은 욕망의 만족을 의미한다. 그러므로 쌍두마차는 반드시 흑마를 통제하고 백마의 도움을 얻어 위의 단계를 향해 달려야 한다. 플라톤의 말에 따르면 사랑과 영원은 밀접한 관계가 있다. 아름다움을 추구하는 마음과 생식 기능의 결합은 자손을 잉태하고, 이를 통해 영원을 추구한다. 예술가들의 궁극적 목표는 정신적인 잉태다. 세상에 작품을 남기는 것은 또 다른 영원을 지향하는 셈이니 말이다.

영화 〈베니스에서의 죽음(Death In Venice)〉은 동성애, 미에 대한 갈망, 그리고 예술의 관계에 대한 답을 주는 듯하다. 토마스 만의 동명소설을 영화화한 이 작품은 원작의 주인공의 직업을 음악가로 각색했다. 세계적으로 유명한 음악가 아셴바흐는 휴식차 찾은 베니스의 한 선술집에서 우연히 타지오라는 미소년을 만난다. 온종일 그의 머릿속을 떠나지 않는 미소년의 아름다움은 그에게 창작의 영감을 가득 안겨준다. 전염병이 발생했음에도 아쉬운 마음에 베니스에 머물던 그는 결국 감염돼 죽음을 맞이한다.

결론

—

나는 사랑이 정신적 진화를 위한 동력이라는 플라톤의 의견에 동의한다. 하지만 사랑의 단계에 대한 나의 의견은 조금 다르다.

사랑의 단계

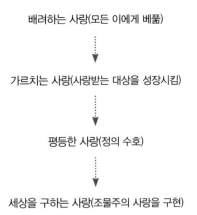

배려하는 사랑(모든 이에게 베풂)

↓

가르치는 사랑(사랑받는 대상을 성장시킴)

↓

평등한 사랑(정의 수호)

↓

세상을 구하는 사랑(조물주의 사랑을 구현)

사랑의 가치는 각각의 단계가 있다고 생각한다. 한 단계에서 다른 단계로 이행하는 것은 정신적인 진화를 의미한다. 첫 단계는 배려의 사랑이다. 우리의 사랑이 필요한 사람들을 감싸 안고 그들이 필요한 것을 주는 것이다. 이러한 사랑은 매우 보편적이다. 대부분의 사람들은 이러한 사랑을 해보기도, 받아보기도 했을 것이다. 앞서 말한 것처럼 배려는 사랑의 본질이다. 우리가 누군가를 사랑하면서 그를 배려하지 않는다면 이는 앞뒤가 맞지 않는 행태다.

두 번째 단계는 가르치는 사랑이다. 우리가 사랑하는 이의 품성과 재능이 올바르게 성장할 수 있도록 돕는 것이다. 이러한 사랑의 경우, 이성과 이해, 그에 대한 존중, 마지막으로 관련 지식이 필수적이다. 이는 보통 사람에게 어려운 일일 수도, 매우 쉽게 해낼 수도 있는 일이다. 〈죽은 시인의 사회〉 속 닐의 아버지나 〈샤인〉 속 데이비드의 아버지의 경우, 사랑하는 아들들의 장밋빛 미래에만 열중한 나머지 아들들에 대한 이해와 존중을 잊었다. 결국 비극적 결말을 초래해 사랑이 아닌 독을 선사한 꼴이 됐다.

세 번째 단계는 평등한 사랑이다. 배려의 대상은 애인이나 가족에 국한되지만, 이 단계의 사랑은 그 범주가 보다 넓다. 기독교에서 설파하는 사랑이 바로 평등한 사랑이다. 매년 크리스마스마다 개봉하는 수많은 영화 속 주제가 바로 소외계층을 향한 평등한 사랑이다.

영화 〈크리스마스 캐럴〉 속 외롭고 쓸쓸했던 갑부는 가난한 이들에게 자비를 베푸는 자선 사업가로 변신한다. 또 영화 〈나홀로 집에(Home Alone)〉의 꼬마 주인공 케빈은 가족들과 함께 휴가를 떠나기로 한 크리스마스이브 아침 얼떨결에 홀로 집에 남겨진다. 똑소리 나게 도둑을 물리치는 과정에서 외부와 단절된 채 홀로 지내는 이웃 할아버지와 좋은 친구가 된다. 〈나 홀로 집에 2: 뉴욕을 헤매다(Home Alone 2: Lost in New York)〉는 집이 아닌 공항에서 가족들과 헤어지면서 시작된다. 실수로 뉴욕행 비행기에 오른 케빈은 홀로 뉴욕을 방황하면서 노숙자 아주머니와 우정을 쌓기도 한다.

물론 누군가는 불가와 유가도 유사한 사랑을 말하며, 자비를 베풀어 도움의 손길을 내민다고 주장할 것이다. 그러나 기독교의 평등한 사랑은 한 가지 특징이 있다. 바로 공의(公義)를 지향하고 불평등한 제도를 개혁하고자 한다. 공의란, 평등한 사랑의 전달 방식이다. 간디, 마틴 루터 킹, 링컨, 만델라, 손중산은 모두 이러한 사랑을 실천한 대표적인 인물들이다. 영화 〈간디〉를 본 관객이라면 그의 굳은 의지와 비폭력 운동에 깊은 감동을 받았으리라 생각한다. 앞서 제시한 사람들은 모두 위인들임에 틀림없다. 하지만 이러한 위인들보다 더 고차원의 사랑이 있다.

바로 네 번째 단계인 세상을 구하는 사랑이다. 이를 위한 넓은 가습과 능력을 가진 자를 우리는 '구세주'라 부른다. 그는 보통 사람들은 꿈꿀 수도 없는, 만약 스스로 구세주라 자처한다면 그지없을 만큼의 존재가치를 갖는다. '진실'편에서 다뤘던 영화 〈매트릭스〉에서 가상세계에 갇힌 인류를 구해 자유가 있는 현실세계로 이끄는 주인공 레오야말로 구세주다. 노력이 아닌 선택 받은 자인 구세주는 인류를 구할 책임을 진다. 인류의 역사 속 공자, 묵자, 석가모니, 예수 등이야말로 진정한 구세주가 아닐까?

진실

하루는 화가인 친구와 차를 마시며 이미 고인이 된 중국화의 대가에 관한 얘기를 나누게 됐다. 한 수집가가 거액을 주고 고인의 아들에게서 작품을 여러 점 사들였다. 하지만 알고 보니 모두 아들이 모사한 위작이었다고 한다. 진상이 드러나자, 그 아들은 "인장만큼은 모두 진짜입니다!"라고 해명했다. 이 위작들을 직접 보진 못했지만, 어쩌면 진짜보다 더 훌륭했을지도 모를 일이다. 어쨌거나 중요한 건 그 작품들은 가품이고, 그 수집가는 안타깝게도 많은 손해를 떠안아야 했다.

진실이란 중요하다. 지식의 필요조건은 '진실'이다. 생각해보라. 돌팔이의사가 당신의 병을 치료하겠다고 나선다면 어떤 일이 벌어지겠는가? '어깨 넘어 배운 지식'이 다인 사람이 집을 짓는다면 또 어떤 결과가 나타나겠는가? 지식이 중요한 이유는 그 실효성 때문이다. 의사의 말을 안 듣고 비상(砒霜)*을 굳이 먹는다면 독약을 먹은 '사실'로 인해 죽음이라는 벌을 받게 된다. 사람 됨됨이도 이와 마찬가지다. 우리는 성실하고 진실한 사람을 원한다. 앞서 얘기한 사기꾼 화가 아들은 결국 비난의 대상이 되지 않았는가? 당신 애인의 사랑이 거짓이라고 생각해보라. 과연 행복하겠는가?

---

* 비석(砒石)에 열을 가해 승화시켜 얻은 결정체로 독성이 있음—옮긴이

진실이란 무엇인가?

—

진실이란 무엇인가? 상식적으로 우리가 사는 세상은 진실하다고 말할 것이다. 우리는 세상의 산과 강, 그리고 땅, 동물과 식물, 인류, 그리고 가옥들이 있음을 본다. 또 새들의 지저귐과 천둥 번개의 울림, 스치는 바람소리, 우리 곁을 맴도는 소음도 들을 수 있다. 이러한 것들이 우리의 후각을 자극한다. 진실은 결국 존재를 의미한다.

무엇을 근거로 이들의 존재를 판단할 수 있을까? 당연히 우리의 감각기관이다. 그렇다면 '원자'는 존재하는가? 과거 우리는 물질은 원자로 구성된다고 배웠다. 나무나 동물 혹은 우리가 사는 집이라는 물질이 존재한다면 원자도 당연히 존재한다. 하지만 우리는 이 원자를 볼 수도, 느낄 수도 없으며, 당연히 들을 수도 없다. 만약 원자가 존재한다면 감각기관은 사물의 존재 여부를 결정짓는 유일한 기준이 될 수 없다(물론, 우리의 감각기관을 통해 간접적으로 원자의 존재를 알 수 있다고 말할 수도 있다). 같은 맥락에서 감각기관으로 느껴지지 않는다고 그 물질이 존재하지 않는다고 확신할 수도 없다. '사랑'이 그렇다. 볼 수도 만질 수도 없지만, 우리는 느낀다. 그럼 '정의', '수', '정신'과 같은 추상적인 것들은 어찌 봐야 할까? 이들도 존재하는 걸까?

철학은 몇 가지 유형으로 나뉘는데, 그 가운데 형상학은 가장 기본이다. 철학자들의 견해 차이는 최종적으로 그들의 형상학에 대한 가설에서부터 시작된다. 형상학이란, 만물의 배후에 깔려 있는 기본 원리에 대한 탐구를 일컫는데, 가장 기본적인 문제가 바로 '어떤 물질이 존재하는가?'이다. 이에 대해 일부 철학자들은 존재하는 많은 물질 가운데 다른 물질보다 중요시해야 할 것들이 있다고 강조하는데, 이를 '진실한 존재'라고 한다. 일부 철학자들은 한발 더 나아가 영원불변의 물질만이 진실한 존재라고 인정할 수 있다고 말한다. 이와 같은 철학자들의 '진실'에 대한 정의는 일반 사람들의 생각과는 큰 차이가 있다.

형상학의 분류

관념론에는 영혼으로부터 독립해 존재한다고 보는 이데아론(플라톤)과 영혼으로부터 독립적으로 존재할 수 없다고 보는 헤겔의 유심론(헤겔)이 있다. 유물론은 실재론과 마찬가지로 경험세계를 객관적 존재로 인정했지만, 영혼을 포함한 모든 사물이 물질로 환원된다고 보는 점에서 차이가 있다.

이론 유형	진실에 대한 정의	철학자
관념론	영혼과 관념	플라톤
실재론	경험세계	아리스토텔레스
심물이원론	영혼과 물질	데카르트
유물론	물질	마르크스

이러한 관점에서 보면 우리의 경험세계는 진실한 존재가 아니다. 모든 물질은 변하기 때문이다. 만약 진실한 존재를 찾는다면 이 세상의 사물에 대해 총괄적인 해설이 가능할 것이다. 플라톤의 이데아론이 바로 이러한 이론이다. 그는 우리가 사는 세계는 진실하지 않으며, 경험세계는 지속적인 변화를 겪고 있을 뿐만 아니라 완벽하지 않다고 주장했다. 단지 '이데아(혹은 관념)'만이 진실이라는 의미다. 경험세계의 의자는 진실한 존재가 아니다. 언젠가는 부서지고 없어진다. 하지만 '의자'의 이데아는 영원히 변하지 않는다. 이 의자가 존재하는 이유는 '의자'의 이데아를 모방했기 때문이다.

이데아 세계는 여러 단계로 구성된다. '의자'의 이데아 등은 비교적 구체적인 단계다. 반면 '가구'의 이데아와 같이 또 어떤 것들은 비교적 보편적이거나 추상적이다. 전자는 후자를 모방한다. 이데아 사이에서도 모방이 일어나는데, 최고 단계의 이데아는 '선(善)', '진실' 혹은 '아름다움'이다. 플라톤은 진실을 추구해야 하며, 정신적으로 경험세계를 이데아세계까지 끌어올려야 한다고 주장했다. 그는 〈유토피아〉에서 이를 '동굴'에 비유해 인간은 진실을 추구해야 한다는 점을 설명했다. 동굴 속 죄수들은 쇠사슬에 억류된 채 살고 있다. 그들은 태어나면서부터 벽에 투영된 것만을 진실로 바라볼 뿐 동굴 밖 광활한 세상은 알 턱이 없다. 그중 한 명이 쇠사슬을 풀고 동굴 밖으로 나가 태양을 본다. 태양은 '선'의 상징이 아니던가? 그는 동굴로 돌아와 동료들에게 동굴 밖으로 나가보자고 권하지만, 모두 환각에 젖은 채 어느 누구도 그의 말을 받아들이지 않는다.

진실과 환상의 문제를 논할 때 영화 〈매트릭스(The Matrix)〉를 빼놓을 수 없다. 영화는 21세기 인류와 인공지능 컴퓨터 사이의 전쟁을 그리고 있다. 인류는 인공지능 컴퓨터에 처절히 패하고, 그들의 에너지원인 태양광을 차단하고자 대기층 파괴도 불사한다. 하지만 인공지능 컴퓨터는 곧 새로운 에너지원을 찾는다. 다름 아닌 인체에서 발생하는 바이오 에너지를 공급원으로 쓰는 '인간전지'다. 인공

지능 컴퓨터는 이 전지의 안정적 에너지 공급을 위해 '매트릭스'라는 가상세계를 만든다. 정보가 개인의 의식 속에 입력되고 사람들은 자신들이 실제 삶을 영위하는 줄 안다. 하지만 모피어스를 통해 이 가상세계의 존재를 알게 된 네오(키아누 리브스)가 인류를 구할 구세주로 등장하면서 인공지능 컴퓨터와의 전쟁이 시작된다.

플라톤의 이론에 따르면 가상세계는 우리의 '경험세계', 진실세계는 '이데아세계', 가상세계 속 인류는 '유토피아의 동굴 속 죄수'에 비유할 수 있다. 그렇다면 인간은 족쇄를 풀고 동굴을 탈출해 진실을 추구해야 마땅하다. 하지만 영화 속 상황은 플라톤의 이론으로 설명하기에는 다소 부적합하다. 플라톤의 이데아세계는 우리의 경험세계에 비해 완벽한 세계여야 한다. 하지만 영화 속에선 핵전쟁으로 폐허가 돼 지하생활만 가능해진 현실세계보다 가상세계가 오히려 더 완벽하다. 모피어스와 한편에 섰던 사이퍼가 동료를 배신하면서까지 다시 매트릭스 속 평온한 삶으로 되돌아가길 원한 이유가 바로 여기에 있다.

가상세계는 현실세계의 복사본이다. 가상세계와 현실세계의 생활엔 큰 차이가 없다. 동일한 물리적 규칙이 있고, 동일하게 밥을 먹는다. 가상세계에서의 죽음은 현실세계에서도 죽음을 의미한다. 컴퓨터는 어떠한 간섭도 하지 않고 인간은 많은 부분에서 자주적으로 행동할 수 있다. 모피어스가 가상세계 속 인류의 해방을 시도하는 것처럼 가상세계의 안정성을 위협하는 상황이 연출된다면, 컴퓨터는 특공대를 파견해 대응할 것이다.

가상세계에는 대응되는 객관적인 사물이 존재하지 않는다. 이와 상반된 현실세계의 사물은 우리의 의식과 별개로 존재한다. 가상세계에서 의식의 대상은 존재하지 않지만, 잠을 자면서 꿈을 꾸고, 그 꿈이 존재하듯 우리의 의식은 존재한다. 그러나 가상세계는 꿈보다 진실하다. 그 이유는 가상세계에는 일치성과 연계성이 있기 때문이다. 나는 '진실과 거짓', '존재와 부재'의 의미 혹은 용법은 다르다고 생각한다. 사물의 존재 혹은 부재는 중간이 있을 수 없다. 하지만 진실과 거짓 사이에는 정도의 차이가 있는 중간이 존재한다. 현실세계는 가상세계보다 진실하고, 가상세계는 또 꿈 속 세계보다 진실하다.

현실세계가 가상세계보다 진실한 또 다른 원인은 가상세계가 현실세계를 모방한 까닭이다. 현실세계의 사람은 가상세계의 존재를 인지한다. 구출되지 않는 한 가상세계의 사람은 현실세계의 존재를 알 길이 없다. 만에 하나 네오가 현실세계를 경험해보기 전에 모피어스의 말을 들었다면 그 또한 자신이 몸담고 있는 가상세계만을 믿었을 것이다. 진실에도 정도의 차이가 있다는 관점에서 보면 플라톤의 이데아는 현실세계보다 진실하다.

우리는 가상세계를 허구라고 말한다. 가상세계에는 대응되는 객관적 사물의 존재가 없다. 또한 컴퓨터는 허구를 통해 인류를 기만하고 지배한다. 이와 같이 허구나 거짓은 가상, 지배, 기만이라는 세 가지 의미를 내포하고 있다.

진실의 정도

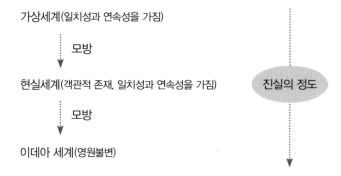

가상세계(일치성과 연속성을 가짐)

　｜　모방
　▼

현실세계(객관적 존재, 일치성과 연속성을 가짐)

　｜　모방
　▼

이데아 세계(영원불변)

진실의 정도

진실 판단의 기준은 무엇인가?

—

이번에는 데카르트의 이론을 통해 진실이라는 문제에 접근해보자. 현대 철학의 아버지라 불리는 데카르트는 철학의 주제를 형상학에서 인식론으로 전환하면서 인류의 사유(思惟) 방식을 한 단계 끌어올렸다. 데카르트는 전통철학에서 '진실이란 무엇인가'에 대해 명쾌한 답을 내놓지 못한 원인을 신뢰할 만한 방법론이 없었기 때문이라고 지적했다. 데카르트는 《회의론》에서 의구심을 낳는 개체들은 우리가 의구심을 해소할 수 있는 개체를 찾을 때까지 진실한 존재가 아닐 공산이 크며, 그것이 바로 진실이자 지식의 출발점이므로 이를 토대로 다른 지식을 축적한다고 봤다. 그는 또 모든 세계가 허구일 수도 있으며, 우리를 기만하기 위한 악령의 음모일지도 모른다고 의심했다. 그러나 악령이 우리를 기만할 수 있다는 것은 기만의 대상이 존재하기 때문이며, 그것이 바로 우리의 영혼이라고 봤다. 다시 말해 영혼이 진실하단 의미다. 이것이 바로 데카르트가 남긴 명언인 '나는 생각한다. 고로 나는 존재한다'의 탄생 배경이다. 즉, 우리가 사유(의심은 사유방식 중 한 가지다)하므로 우리의 영혼이 존재함을 추론할 수 있다는 뜻이다. 우리의 신체가 있고 없고는 별개의 문제다. 가상세계는 허구다. 이를 만든 컴퓨터가 바로 데카르트가 말한 악령이다. 가상세계에서는 컴퓨터가 인류의 몸을 만들어 내지만, 그건 허구일 뿐 영혼만이 진실하다.

데카르트의 논증

데카르트는 영혼은 완전무결한 관념을 갖지만, 인간은 불완전하다고 생각했다. 완전무결한 관념은 완전무결한 존재에서 비롯된다. 바로 조물주다. 조물주가 완전무결한 이상 우리를 기만할 수 없으므로 조물주가 창조한 외부세계도 반드시 존재한다.

나는 의심한다

↓

나의 영혼은 존재한다

↓

조물주는 존재한다

↓

외부세계가 존재한다

영화 속 모피어스는 네오에게 "진실이란 무엇인가? 당신은 진실을 뭐라 정의하겠는가? 당신이 말한 대로 당신이 느끼고, 맡고, 듣고, 보는 것이 진실이라면 진실은 단지 당신 머릿속에 그려지는 전자 정보일 뿐이라네."라고 말한다. 엄밀히 말해서 '진실이란 무엇인가?'는 형상학의 주제에 더욱 부합한다. 하지만 '진실을 어떻게 판단하는가?'는 인식론적 문제다. 형상학과 인식론은 종종 대립각을 세운다. 그렇기 때문에 철학자들은 형상학으로 그의 인식론을 결정할지, 인식론으로 그의 형상학적 주장을 증립할지를 선택해야 하는 기로에 서곤 한다.

현실세계에서 우리는 감각을 통해 사물의 존재를 인식한다. 가상세계에서도 우리는 보고, 듣고, 느끼고, 맡을 수 있다. 일정 부분 진실성이 존재한다. 그렇다면 인류는 자신이 가상세계에 있다는 것을 어떻게 인지할 수 있을까? 버클리는 '존재하는 것은 지각된다'라고 주장했다. 지각되지 않는 것은 근본적으로 존재하지 않으므로 영혼과 영혼의 관념만 존재한다면 영혼으로부터 독립된 외부세계는 존재하지 않는다는 의미다.

물론 '가상세계'에서 '깨어나' 해방된다면 무엇이 진실한 세계인지 알 수 있다. 마치 꿈에서 깨고 나서야 방금 꿈을 꾸었다는 사실을 알게 되는 것처럼 말이다. 모피어스가 네오에게 한 말도 이와 같은 맥락이다.

'당신이 꿈을 꿔본 적이 있어야 그것이 진실임을 믿을 수 있소.
만약 꿈에서 깨어날 수 없다면 꿈과 현실을 어떻게 구분하겠소?'

가상세계에 있다면 그곳이 가상세계인지 과연 알 수 있을까? 꿈속에서는 꿈을 꾸고 있다는 사실을 모르지 않는가?

데카르트의 이론은 이 문제를 푸는 데 큰 도움이 안 된다. 가상세계의 사람이라면 완전무결이란 관념을 알고 있기 때문에 조물주의 존재를 추론할 수 있다. 더 나아가 조물주의 존재로부터 세계의 존재를 추론해낼 것이다. 그렇다면 현실과 꿈을 어떻게 구분할까? 현실 세계라면 연속성과 일치성이 있다. 반면, 꿈은 대부분 허망하게 끝나곤 한다. 어느 곳에 있다가도 돌연 또 다른 곳에 있기도 한다. 꿈은 이처럼 연속성과 일치성이 떨어진다.

설령 가상세계에 연속성과 일치성이 있더라도 컴퓨터가 특공대를 파견해 모피어스 일당을 체포하려는 순간, 변이가 발생하면서 같은 장면이 반복적으로 나타나는 것과 같은 상황이 연출될 것이다. 불일치는 바로 진실 여부를 판가름하는 기준 가운데 하나다.

나는 대응론은 진리의 정의고, 정합론과 실용론은 진리의 판단 기준이라 생각한다.

세 가지 진리론

진리론	진리란 무엇인가?
대응론	사실에 대응되면 이 명제는 참이다. 실제로 눈은 흰색이므로, '눈은 하얗다'란 명제는 참이다.
정합론	다른 참인 명제와 일치하면 이 명제는 참이며 상호 뒷받침한다.
실용론	문제를 해결할 수 있고, 실용적 가치를 지니면 명제는 참이다.

앞서 가상세계의 허구는 대응되는 객관적 세계의 부재 말고도 지배와 기만이 가능하다고 말한 바 있다. 영화 〈트루먼 쇼(The Truman Show)〉의 주인공인 트루먼은 지배와 기만이 가득한 허구의 세계에 살고 있다. 사실 고아인 트루먼을 입양한 한 방송사는 그의 24시간을 전 세계에 생방송하는 '트루먼 쇼'라는 프로그램을 제작한다. 그가 어릴 적부터 살아온 동네는 거대한 스튜디오이며, 그의 친구, 친척 심지어 부인까지도 모두 연기자다. '트루먼 쇼'의 감독인 크리스토프는 그가 현장에 안주하도록 지속적인 노력을 기울인다. 어린 트루먼이 탐험가를 꿈꾼다는 사실을 알고 학교 선생님을 통해 세상 어디에도 탐험할 만한 곳은 없음을 전하고, 아버지가 바다에서 풍랑을 만나 '숨진' 것으로 설정해 어린 그에게 물에 대한 공포심을 심어준다. 그가 어른이 돼 외부세계를 궁금해 하자, 그의 아내와 친구들은 그런 그를 극구 만류한다.

트루먼의 뇌는 어릴 적부터 '세팅'됐지만, 허구는 허구일 뿐이다. 진실은 밝혀질 수밖에 없다. 우연히 죽은 줄 알았던 아버지를 발견하고, 또 갑자기 들어선 빌딩에서 엘리베이터 문 뒤가 벽이란 사실도 알게 된다. 그리고 모든 이들이 그가 나타나면 그제야 일을 시작한다. 모든 것들이 '불일치'한다. 의구심을 품기에 충분했다. 얼마 후 누군가 자신을 쫓아오고 감시한다는 사실까지 알게 되면서 문득 그가 사랑했던 소녀가 했던 말이 떠오른다.

'모든 게 각본대로 움직이는 거예요.'

결국 트루먼은 모든 사람이 자신을 속이고 있다는 의심 속에 진실을 찾아 이 작은 마을을 탈출하기로 결심한다.

진실과 허구

—

    플라톤은 이데아만이 진실이므로 우리는 이데아를 지향한다고 말했다. 네오는 가상세계에서 인류를 구출해 현실세계로 돌려보내려 하고, 트루먼은 작은 마을을 탈출해 진실을 파헤치기 시작한다. 여기서 얻을 수 있는 교훈이라면 인간은 진실을 직시하고, 진리를 추구해야 한다는 점이 아닐까? 문제는 '왜 인간은 반드시 진실을 추구해야 하느냐?'이다. 진실의 중요성은 과연 어디에 있단 말인가? 앞서 말했듯이 진실은 당연히 중요하다. 비상에 독성이 없는 줄 알고 먹었다간 죽음을 면치 못한다. 그렇다고 모든 진리가 다 중요할까? 플라톤이 말하는 경험세계나 〈매트릭스〉의 가상세계, 〈트르먼 쇼〉의 허구세계에는 모두 이와 같은 진리가 존재할 수 있다. 하지만 밝혀진 진실이 우리에게 고통을 줄 때 허구세계에서 여전히 행복을 누릴 수 있다면, 우린 어떤 선택을 해야 할까?

　영화 〈매트릭스〉의 현실세계는 오염에 찌든 폐허다. 해방된 인류
는 이 참혹한 현실과 마주해야 한다. 그렇다면 가상세계에 머무는 것
이 더 행복하지 않을까? 가상세계로 되돌아가기 위해 동료를 배신한
사이퍼를 나무랄 수만은 없는 이유가 바로 여기에 있다. 작은 마을을
탈출한 트루먼도 모든 게 낯선 세계를 만나게 될 것이다. 물론 신선
할 것이다. 하지만 이미 30년 동안 허구세계에서 살던 그가 현실세
계에 적응할 수 있을까? 그가 떠나려는 순간 크리스토프 감독은 만
약 누군가 자살하려고 한다면 우리는 그를 구하기 위해 그의 문제를
해결할 수 있도록 도움을 주겠단 말로 달랜다. 영화 〈세 얼간이〉의
라주가 자살하려고 하자, 란초는 그의 삶의 의지를 되살리기 위해 온

바깥의 현실세계도
허구와 기만으로 가득 차 있어,
여기서만 행복할 수 있다고!

갖 방법을 동원한다. 심지어 그의 아버지가 이미 완쾌되셨고, 누군가 혼수 없이도 그의 여동생을 데려가겠다고 했다는 말까지 하면서 말이다.

여기서 알 수 있듯이 형상학이 말하는 최종적인 진실이나 종교계에서 말하는 천당과 지옥이 존재하지 않더라도 누군가의 입장에선 이러한 '거짓말'이 없어서는 안 될 요소다. 영화〈다빈치 코드(The Da Vinci Code)〉는 다빈치의 명작 〈최후의 만찬〉에 숨겨진 비밀을 둘러싼 내용을 줄거리로 한다. 비밀은 바로 그림 속 예수의 오른쪽이 제자 요한이 아니라 예수의 아들을 낳은 아내 마리아 막달레나라는 것이다. 많은 사람들은 만약 예수가 정말 결혼을 해서 아이를 낳았다면 그의 신성함을 모독하는 것이라 여겼다. 이러한 이유로 말미암아 교회는 이 비밀을 은폐했고, 그 비밀을 아는 사람을 죽음으로 몰아넣었다. 교인들의 입장에선 이 '비밀'이 진실로 밝혀진다면 그들의 신앙을 붕괴시킬지도 모르는 일이다. 나는 '사랑'편에서 다뤘던 영화 〈그렇게 아버지가 된다〉를 보면서 '만약 병원이 아이가 바뀐 사실을 두 가정에 알리지 않고, 진실을 모른 채 바뀐 아이들을 친자식으로 알고 살았다면 오히려 더 낫지 않았을까?'라는 생각을 하곤 한다.

만약 누구도 다치지 않는 거짓이고, 그로 인해 모두가 평온할 수 있다면 받아들일 수 있지 않을까? '하얀 거짓말'이란 말도 있지 않은가? 만약 허구가 우리의 행복을 지켜주고, 진실이 우리의 삶을 무너뜨린다면, 과연 진실이 꼭 필요할까? 정부는 자주 거짓을 말한다. 국민들의 공포심 조장을 억제하고 모두의 이익을 위해서라고 말하지만, 알고 보면 태반이 자신들의 권력 유지 수단이다. 영화 〈다빈치 코드〉 속 교회가 자신들의 권력을 지키기 위해 예수의 결혼과 출산이라는 진실을 숨겼듯이 말이다. 거짓말이 필요한 순간은 언제일까? 또 진실을 말해야 하는 순간은 언제일까? 이 둘 사이의 경계선을 어떻게 그어야 맞는 것일까?

허구과 진실은 우리의 인생에서 어떤 역할을 할까? 나는 인간은 마땅히 진실을 직시해야 하지만, 진실이 감내하기 어려운 고통을 가져올 경우에는 허구도 필요하다고 생각했다. 허구의 기능은 현실 도피가 아니라 인생에 활력을 불어넣는 데 있다. 예술은 허구를 구현해 우리에게 피로한 일상과 마주할 수 있는 능력을 부여한다. 피카소가 '예술은 진실을 깨닫게 만드는 거짓이다'라고 말한 것처럼 말이다. 고통이나 공허 혹은 절망감에 사로잡힌 우리에게 극복할 수 있는 용기와 힘을 불어넣어 주는 건 철학보단 종교와 예술이다.

진실한 인생

—

앞서 말한 것처럼 인간은 용기를 갖고 진실과 마주해야 하고, 진리를 추구해야 한다. 이것이 바로 진실한 인생이다. 다시 말해 속지도, 속이지도 않은 인생이다. '죽음'편에서 얘기를 나눴던 영화 〈살다〉의 주인공 와타나베는 시한부 선고를 받는다. 죽음이라는 진실을 통해 반성의 기회를 얻은 그는 진지한 고민을 시작한다. 더 이상 되는 대로 살지 않고, 임종 직전에 이르러 주민들이 소원하던 바를 이뤄준다. 반성 후에 진심을 다하는 삶을 살았다면 이는 진실한 인생이라 할 수 있다. 이것이 바로 죽음을 진지하게 고민해보고 인생의 방향을 결정하는 실존주의식 진실한 인생이다.

진실한 인생은 심미적 관점을 내포해야 한다. 개인의 품격을 살려야 한다는 말이다. 개인의 품격을 살린다는 의미는 예술적 개념을 자신의 인생에 투영시켜, 감상할 수 있는 가치로 승화시킨다는 의미다. 영화 〈세 얼간이〉의 주인공 란초도 그만의 개성이 있지만 다른 이에게 강요하지 않고 진심으로 다른 이들을 대하고 일을 처리한다. 권위적인 인사 앞에서도 직언을 서슴지 않고, 불합리한 교육제도를 비판한다. 이러한 진실한 인생은 진·선·미의 결합이라 할 수 있다. 개인의 품격을 살려야 한다는 견해는 고대 그리스에도 이미 있었다. 근대에는 니체, 듀이, 푸코(Foucault) 등의 철학자가 주장했다. 개인의 품격을 살리기 위해선 각자의 개성을 중시해야 하는데, 이 점은 도가의 사상과 부합한다. 그러나 위의 현대 철학자들은 기본적으로 전통적인 형상학을 반대하고 초월적인 측면을 부정한다.

이 외에도 진실한 인생은 초월적인 성격을 갖는다. 즉, 궁극의 진실을 추구하는 것이다. 궁극의 진실이란 영원불변이므로, 진실한 인생은 고로 영원을 추구한다고 풀어볼 수 있다. 플라톤의 이데아, 기독교의 하느님, 칸트의 본질, 유가의 천도, 도가의 도, 불교의 법신이 모두 궁극의 진실에 대한 각계의 표현들이다. 그 가운데서 진실한 인생의 두 가지 면(경험과 초월)을 가장 잘 아우르는 것이 바로 유가 사상이다.

간단히 말해 바로 〈중용〉에서 말하는 '성실(誠)'이다. 〈중용〉의 독특함은 이 '성실'로써 유가의 사상을 관통하는 데 있다. 공자가 말한 '충성(忠), 용서(恕)의 도' 혹은 맹자의 '지언(至言), 양기(養氣)' 모두 '성실'한 수련으로 귀결된다. 바로 '남도, 자신도 속이지 않는 것이다(不欺人, 不自欺)'. 스스로 속이지 않는다면 진실한 자신과 마주할 수 있다. 이는 자신의 본성(선을 추구)을 이해하고, 자신의 결점과 한계도 직시해 스스로를 성찰할 수 있는 기반이 된다. 이것이 바로 '반신이성(反身而誠)'의 의미다.

'성실'은 하늘과 인간을 관통해 천인합일을 이룰 수 있다는 점에서 초월적인 성격을 띤다. 〈중용〉에서는 '성자, 천지도, 성지자, 인지도야(誠者, 天之道, 誠之者, 人之道也)'라 했다. 즉, 하늘의 도는 진실하고, 성실을 실천하는 것이 사람이 되는 올바른 길이라는 의미다. 올바른 사람이 되려면 진실하고, 속이지 않기 위해 반드시 '전학지, 심문지, 신사지, 명변지, 독행지(博学之, 審问之, 慎思之, 明辨之, 笃行之)'해야 한다. '전학'은 넓은 배움, '심문'은 심도 있는 연구, '신사'는 진지한 고민, '명변'은 분명한 판단을 의미한다. '학(学)·문(问)·사(思)·변(辨)'이 네 가지는 '지식'을 쌓기 위한 노력들이다. 여기에 '독행(篤行:성실하게 행동함)'을 보태면, 바로 '지행합일(知行合一)'을 이룰 수 있다. 선을 실천하려면, 선을 추구하는 본성 외에 '지식'이 필요하다. 예컨대, 의사가 병의 원리와 의학의 이론에 대해 잘 알지 못한다면 환자를 효과적으로 치료할 수 없는 것처럼 말이다.

'지식'을 위한 노력은 만물을 완성시킨다고 한다. 이른바 '성지, 인야. 성물, 지야(成己, 仁也. 成物, 知也)'다. '만물의 완성'은 '진물지성(盡物之性)'이다. 즉, 물질을 이용해 인간의 생활을 개선한다는 의미다. 지식의 중요성이 바로 여기에 있으며, 이는 '외왕(外王)'*의 측면에 속한다. '자신을 완성함은 인자함이다(成己, 仁也)'는 '내성(內聖)'*에 속한다. 결론적으로 '성실'은 내부에서 외부로 이른다고 할 수 있다. 즉, '내성이외왕(內聖而外王)'이다.

성실 vs 천도와 외왕

〈중용〉에서 말한 '성기, 인야'는 내성이나 '성물, 지야'는 외왕과 연결된다. 외왕을 실현하기 위해선 지식이 매우 중요하다. 세상에는 지진, 태풍, 해일, 화재 등과 같은 갖가지 문제가 산적해 있어 인간에게 고통을 준다. 그러나 인간은 지식을 통해 이러한 문제점을 보완하고 해결해 행복을 영위할 수 있다.

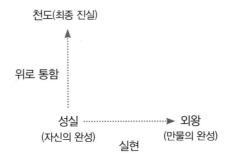

천도(최종 진실)

위로 통합

성실 ·············▶ 외왕
(자신의 완성)　　실현　(만물의 완성)

---

* 외적으로 왕도를 시행함─옮긴이
* 내적으로 성인의 덕을 갖춤─옮긴이

유가에서 말하는 천도는 플라톤이 말한 '선'처럼 영원불변하며, 만물의 근원이다. 그러나 형상학적 진실은 지식의 대상이 아니며, 이성으로 통제할 수 없다고 보는 점에서 플라톤과 차이를 보인다. 그렇기 때문에 천도는 도덕적 실천을 통해 구현할 수 있다. 이와 같은 사상을 '도덕 형상학'이라 말할 수 있으며, 이는 칸트의 이론과 일치한다.

도가도 유가와 마찬가지로 '궁극의 진실'은 객관적인 인식 대상이 아닌 몸소 느껴야만 이해할 수 있다고 봤다. 도가는 궁극의 진실을 '도'라 부르고 이 도를 이루는 사람을 '참된 사람'이라 한다. 도가도 '수신'을 말하지만, 우선 도를 깨닫고 도의 관점에서 사물을 바라봐야 함을 강조한다. 즉, 거시적 관점으로 사물을 바라보면서 세상 만물의 상대성과 변화를 살펴야만 마음과 행동을 변화시킬 수 있다는 의미다. 반면, 덕의 함양을 추구하는 유가에서 말하는 '참된 사람'은 마음속의 진성에서부터 시작하며, 학식과 덕성을 겸비한 사람으로 막중한 책임을 갖는다.

궁극의 진실 추구

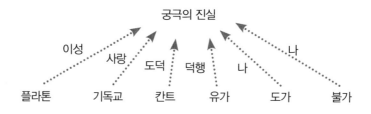

결론

—

    '진(眞)'이라는 말은 여러 가지 의미와 용법을 갖는다. '진'은 '진실'이라 할 수 있다. 진실은 또 두 가지 의미가 있는데 하나는 존재이고, 다른 하나는 영원불변을 의미한다. '진'은 또 '진리'를 의미하기도 한다. 진리는 사실과 대응되는 단어다. '진'은 또 사물의 진위에도 관여한다. '진성(眞誠)'의 '진'은 처세의 동기와 태도를 가리키기도 한다. 이처럼 여러 가지의 의미와 용법은 서로 긴밀한 관련성을 갖지만, 우리에게 혼돈을 주기도 한다.

    '영원불변'이라는 측면에서 보면 우리가 살고 있는 경험세계는 '진실하지 않다'. 〈금강경(金剛經)〉에서는 '세상에 존재하는 모든 것은 마치 꿈같고, 허깨비 같고, 물거품 같고, 그림자 같고, 이슬 같고, 번개와 같으니, 마땅히 이와 같이 보아라(一切有爲法, 如夢幻泡影, 如露

亦如電, 應作如是觀)'라고 했다. 유위법(有爲法)은 경험세계의 사물을 가리키지만, 여기서는 단지 '꿈과 같다'고 말한다. 이는 꿈 자체가 아니라 진실하지 않음을 의미한다. 즉, 꿈에서 있었던 일처럼 객관적인 존재가 아님을 가리킨다. 만약 경험세계를 꿈 속의 진실하지 않음과 동일하게 본다면 진실이 가진 의미에 혼돈을 야기해 사유의 혼란이나 불필요한 논쟁을 불러일으킬 수 있다.

우리가 진실한 인생을 추구한다는 것은 경험과 초월이라는 두 가지 의미를 갖는다. 물론 이 두 가지는 상호 배치되지 않는다. 오히려 밀접한 관계를 가지며, 경험에서 시작해 초월로 끝난다. 진실이라는 목적을 추구하는 경우, 개인에게는 '진성'이 첫 번째 덕목이고, 지식적 측면에서는 '참'이 첫 번째 덕목이다. 사고적 측면에서는 '명확함'이 첫 번째 덕목이고, 사회에선 '자유'가 첫 번째 덕목이다. 언론의 자유와 사상이 자유가 없다면 진리도, 잘못에 대한 비판의 목소리도 찾을 수 없다. 일부 독재 정권 치하의 진실은 늘 은폐되지 않았던가? 다음 장에선 바로 이 자유에 대해 얘기해보자.

자유

홍콩은 독특한 지역이다. 민주 의식이 부족한 것 같지만 모두 수준 높은 자유를 영위하고 있다. 물론 이는 식민지라는 역사적 배경 덕분이다. 하지만 홍콩이 반환된 이후, 홍콩인들은 민주제도의 보장 없이는 지금 누리는 자유도 금세 잠식될 수 있음을 차츰 인식하기 시작했다.

자유는 매우 중요하다. 자유가 있어야 자신의 잠재력을 발휘할 수 있고, 사회에 이바지할 수 있다. 개인이든, 사회든 발전을 하려면 자유라는 밑바탕이 있어야 한다. 홍콩의 발전 과정을 돌아보면 1970~1980년대의 홍콩은 넘실대는 자유의 물결 위로 비약적인 경제성장을 이루고 홍콩의 TV 프로그램과 영화는 최고의 전성기를 누렸다. 하지만 그 이후 홍콩 사회에는 불필요한 규제와 제약들이 생겨나기 시작했다. 이 현상은 비단 정부에만 국한되지 않았다. 대학, 시장, 심지어 공원에서까지 이러한 현상이 고개를 들었다. 일부 공원에서는 그림 그리는 것조차 금지해 대만에서 온 화가 '팡'모 씨는 공원에서 스케치하다 제재를 받았다. 국제적인 망신이 아닐 수 없다.

자유의지와 결정론

—

    철학의 한 갈래인 결정론은 '모든 사건은 결정됐고, 인간은 근본적으로 선택의 여지가 없으며, 자유의지는 환상일 뿐'이라고 주장한다. 결정론은 여러 가지 버전이 있는데, 그 가운데 하나가 신적 결정론이고, 다른 하나가 인과적 결정론이다. 신적 결정론은 조물주가 세상을 창조할 때 이미 모든 것이 결정됐고, 우리는 단지 조물주의 각본대로 움직인다는 주장이다. 예수의 시련도, 유다의 배신도 조물주의 지시며, 구원을 받고 안 받고도 조물주의 뜻에 달렸다. 인과적 결정론은 모든 사건(영혼을 포함해)은 원인에 따른 결과라는 주장이다. 이 원인도 하나로 연결된 사건이며, 그 전에 나타난 원인에 의해 발생한다. 그 원인에 대해 명확히 설명할 수 없을지라도 인과적 결정론에 근거해 오늘 우리가 해야 할 모든 것이 우리가 태어나기 전부터 이미 결정됐다는 논리다.

신적 결정론이든, 인과적 결정론이든 피할 수 없는 한 가지 문제는 인간의 자유의지가 없다는 점이다. 모든 것이 결정됐다면 우리는 근본적으로 선택권이 없는 셈이다. 만약 인간에게 자유의지가 없다면 우리의 행위에 대해 도덕적 책임을 질 필요가 없다. 유다의 배신도 히틀러의 유태인 학살도 어쩔 수 없는 일이 돼버린다. 결국 우리는 이미 결정된 우리의 행위에 대한 책임을 지지 않아도 된다고 역설할 수 있다. 결론적으로 무슨 일이 벌어지든 결정론으로 설명한다면 어떤 경험적 증거로도 뒤집을 수 없다. 즉, 모두 필연적인 진실이고, 경험 내용이 부족한 공허(空虛)이론이다.

공허 명제

공허 명제의 두 가지 필요조건은 우선 참인 문장을 분석하고, 맥락 속에 정보(사실 판단 혹은 가치 판단)가 있는 것처럼 가장해야 한다는 것이다. 참인 문장을 분석했을 때 필연적으로 참일지라도 어떠한 정보도 제공하지 않으며, 만약 사실 혹은 가치 판단을 가장했다면 사고의 혼란을 초래한다. 예를 들어 사회학자가 20년의 시간을 들어 '엄마'라고 불리는 사람에 대해 조사를 한 후 최종적으로 '모든 엄마는 모두 여자다'라는 연구 결과를 밝히는 경우가 이에 속한다. 만약 한 이론이 공허 명제들로 이뤄졌다면, 이는 폐쇄적인 체계로 변화돼 그에 불리한 모든 경험 근거를 배척하게 된다.

영화 〈마이너리티 리포트(Minority Report)〉는 위의 논점을 잘 반영한 영화다. 영화는 2054년의 미국을 배경으로 펼쳐진다. 미국 워싱턴에서는 미래의 살인사건을 예측하는 시스템인 '프리크라임'을 개발한다. 예지 능력을 갖춘 세 사람은 한 팀이 꾸려 시스템을 바탕으로 미래의 범죄자와 시공간까지 예측한다. 경찰은 이 자료를 토대로 사건 발생 전에 범인을 체포해 흉악범죄를 예방한다. 정확한 프리크라임 덕분에 살인사건은 거의 근절되는 듯하다. 그러던 어느 날 범죄팀장(톰크루즈)이 범인으로 지목된다. 얘기는 주인공의 도주와 무고를 증명하는 과정과 프리크라임의 허점을 밝히는 내용으로 흘러간다. 프리크라임 시스템이 흉악범죄 발생을 예측한다면 우리의 미래도 결정됐다고 할 수 있을까? 경찰이 흉악범죄의 발생을 저지해 사건이 발생하지 않았다면 이것은 결정된 것은 아니다. 그럼에도 이는 결정론을 뒤집을 수는 없다. 결정론자들은 오히려 이러한 흉악범죄 사건이 발생하지 않도록 결정돼 있었다고 굳건히 말할 테니까. 프리크라임 시스템의 예측 또한 결정된 거라면, 예측은 틀린 셈이다. 결론적으로 결정론은 근본적으로 가능한 어떤 경험적 증거로도 뒤집을 수 없다. 그렇다면 결정론이 형상학의 일종이 아닐까? 형상학의 특징이 바로 경험 근거로 뒤집을 수 없는 것이지 않은가? 그렇지만 형상학의 중요한 기능은 세상 만물에 대한 전체적인 설명을 통해 우리에게 세계관을 제시하고, 우리의 삶을 이끄는 데 있다. 그러나 앞서 말한 결정론은 이러한 기능이 없다.

이와 같은 신적 결정론을 받아들이지 못한다고 해서 인과적 결정론도 받아들이지 못한다는 의미는 아니다. 우선 인과율(Law of causality)*은 개연성만 있을 뿐, 결정론이 말하는 필연성은 없다. 만약 프리크라임 시스템이 예측하지 않는다면 흉악범죄를 막지 못할 것이다. 그렇다면 흉악범죄 사건은 발생할 테고, 그 사건의 발생에는 그 원인이 있을 것이다. 만약 프리크라임 시스템이 예측했다면, 누군가 사건의 발생을 막을 것이다. 이는 흉악범죄가 일어날 원인이 없음을 의미한다. 자유의지와 인과율도 꼭 충돌하진 않는다. 일부 사안은 우리 스스로 결정한다. 예를 들어 살인을 할 경우 기타 요소들의 영향을 받아 살인을 저지르기로 마음먹을 순 있지만, 최종 결정권은 나에게 있다. 즉, 나 자신이 바로 이 결정을 내리게 된 원인이다. 나의 자유가 속박 받지 않고, 스스로에게 능력이 있다면 우리는 이 일을 해낼 수 있다. 그러므로 인간은 자신이 한 일(자주적으로)에 대해 응당한 책임을 져야 한다.

---

* 어떤 상태(원인)에서 다른 상태(결과)가 필연적으로, 즉, 법칙에 따라서 일어나는 경우의 법칙—옮긴이

만약 인간에게 선택권이 있다면 우리의 미래는 완전히 결정된 것이 아님을 의미한다. 〈매트릭스〉의 속편인 〈매트릭스 2-리로디드 (The Matrix Reloaded)〉의 컴퓨터는 로봇들을 파견해 인류의 거주지인 지하 마을 시온을 파괴하려고 한다. 네오가 찾은 아키텍트는 본래 시스템 설계의 일부였지만, 시스템의 안정성 유지를 위해 소수의 생존자를 데리고 시온을 재건해야 하는 구세주의 임무를 알려준다. 이미 여섯 번째 세상이 만들었지만, 이번 세상에서 네오는 시온이 아닌 사랑하는 여인 트리니티를 선택한다. 구세주의 임무는 정해져 있었지만, 최종 선택권은 네오에게 있었다. 그리고 이 선택으로 완전히 새로운 국면이 펼쳐진다.

자유의 가치

—

앞에서 말한 결정론은 사실 학계에서나 논의할 법한 얘기일 뿐, 현실에선 크게 주목받지 못할 수도 있다. 하지만 다른 의미의 결정론은 세간에 큰 관심을 받았다. 바로 모든 것이 결정된 것이 아니라 단지 일부분만 결정돼 있다는 논리다. 예컨대 사람의 생사나 부귀영화, 그리고 결혼만큼은 이미 결정돼 있어 무슨 짓을 해도 바꿀 수 없다는 주장이다. 소위 '누릴 운명이라면 언젠가는 누릴 테니, 누리지 못할 운명이라면 억지로 추구하지 말라(命里有時終須有)'는 의미다. 앞서 제시했던 결정론과의 구분을 위해 운명론이라 해도 무방하겠다. 결정론과 운명론의 차이를 살펴보면 전자의 경우 세상만사, 개인의 노력 여부까지도 모두 결정돼 있기 때문에 인간에게 자유가 없다. 이에 반해 후자는 일부 정해진 운명은 어쩔 도리가 없지만 그

밖의 일은 자유롭게 선택하고 노력을 기울여 이뤄낼 수 있다.

묵자는 귀신을 믿었지만, 운명론에는 반기를 들었다. 그는 게으르고 실패한 사람들이 늘 운명 탓을 한다고 생각했다. 그는 운명론을 반박하기 위해 인간의 적극성을 제창하며, '비명(非命)*'을 주장했다. 물론 인력으로 어쩔 수 없는 일들도 있다. 우리가 지진이나 쓰나미를 예측한다고 해서 이 재난의 발생을 원천 봉쇄할 순 없다. 단지 대피할 수 있을 뿐이다. 인간은 선천적이거나 후천적인 조건과 한계를 안고 산다. 예를 들어 다운증후군을 앓고 있는 사람의 경우, 일반인보다 하나의 염색체가 더 많아 선천적으로 지능적 한계를 지니고 태어난다. 그렇기 때문에 후천적으로 노력을 기울인다고 해도 정상인과 같아지기에는 무리가 있다.

묵자의 '비명'은 유가를 겨냥한다. 하지만 유가에서 말하는 '명정(命定)'은 운명론이 아니다. 그것은 노력을 기울인 후에도 극복할 수 없는 객관적인 한계를 말하는 것이므로, 묵자의 비판은 다소 빗나갔다. 공자는 '의명분립(義命分立)'을 주장했다. '의'는 책임을, '명'은 객관적인 한계를 의미한다. '의명분립'은 인간은 마땅히 노력을 통해 자신의 소임을 다해야 하나, 일의 성패는 객관적인 조건에 달렸다는 뜻이다. 즉, 실패하더라도 탓하지 않고, 최선의 노력을 기울여 자신

---

*운명론이나 숙명론을 부정-옮긴이

의 책임을 다해야 한다는 의미다.

살다 보면 여러 가지 조건의 한계에 부딪히기 마련이다. 허나 세상만사가 완벽히 결정된 것이 아닌 만큼 우리에겐 선택을 하고 노력을 기울일 수 있는 기회가 있다. 그만큼 스스로 인생의 목표를 세우고 의미를 부여하는 것은 매우 중요하다. 영화 〈가타카(Gattaca)〉는 이 주장을 잘 뒷받침한다. 영화 속 미래세계는 유전자 조작기술이 발달해 인간의 출생에도 관여한다. 열성 유전자는 폐기되면서 우성 유전자로 구성된 지능과 신체적 조건은 훨씬 탁월해진다. 주인공 빈센트는 유전자 조작을 거치지 않고 자연적으로 태어난 인물이다. 어릴 적 아버지를 따라 유전자 테스트를 받은 결과, 그는 주의력이 산만하고, 심장 질환을 앓을 가능성이 높아 기대 수명이 30세에 그친다는 얘기를 듣는다. 그의 운명을 예단한 셈이다. 어린 시절부터 우주인을 꿈꿔온 빈센트는 선천적인 단점을 극복하기 위해 최선의 노력을 기울였지만, 열성 유전자에 대한 차별의 벽을 넘지 못한 채 청소부로 살아야 했다. 그러던 어느 날 불의의 사고로 반신불수가 된 빈센트에게 기회가 찾아온다. 우성 유전자를 가진 사람이 자신의 신분을 팔겠다고 나선 것이다. 유전자 테스트 결과지를 넘기는 대신 빈센트가 그를 돌보는 조건이었다. 우성 유전자 신분에 필사적인 노력을 보탠 빈센트는 성공적으로 우주항공사에 입사해 우주인이 된다. 그가 토성으로 가는 임무를 수행하기 직전, 회사에서 살인사건이 발생한다. 공교롭게도 이번 사건 맡은 경찰은 다름 아닌 빈센트의 동생이었다. 그의 동생은 유전자 조작으로 태어난 인물로 지능이나 체력적으로 빈센트를 크게 앞선다. 그럼에도 불구하고 어릴 적 빈센트는 수영 시합에서 동생을 이기고, 익사할 뻔한 동생을 구하기도 한다. 그런 과정을 지나면서 빈센트는 자신의 의지와 노력만 있으면 고난은 극복할 수 있다고 믿어왔다. 반면 우월감에 살던 동생은 당시의 패배를 받아들이지 못하고 늘 마음에 담아두고 살아왔다. 그런 차에 이번 기회를 맞은 동생은 빈센트에 대한 복수를 꿈꾼다.

유전자는 단지 인간의 생김새, 건강, 지능, 체력 등을 결정할 뿐, 인간의 의지력을 결정하지 못한다는 것을 영화는 잘 보여준다. 유전자 조작도 생리적인 결함은 개선시켰을는지는 몰라도 이기심, 자만심 혹은 매정함과 같은 인격적 결함은 해소하지 못했다. 그뿐만 아니라 건강이나 지능, 체력도 후천적인 노력으로 개선의 여지가 있는 만큼 선천적으로 완전히 결정됐다고 볼 순 없다. 빈센트가 바로 후천적인 노력을 통해 선천적인 결점을 극복하지 않았는가?

실존주의 vs 결정론

완전한 자유   완전한 속박

실존주의 ◀·····················▶ 결정론

‘인간이 자유로운가’라는 문제에 대해 실존주의와 결정론은 양극단에 선다. 전자는 인간은 운명적으로 자유로우며, 반드시 스스로 결정해야 한다고 주장한다. 후자는 인간은 전혀 자유롭지 않으며 모든 것은 결정돼 있어 근본적으로 선택의 여지는 없다고 주장한다.

자유가 소중한 이유는 자신이 가는 길을 선택할 수 있어서다. 이 길을 따라 꾸준히 노력하면 자신의 목표를 실현할 수 있다. 실제로 자유가 있었기에 우리는 자신의 잠재력을 발전시키고 사회에 이바지할 수 있었다. 자유가 없었더라면 자주성과 창의력은 구현할 수 없었을 것이다. 우리는 자유로운 토론을 통해 이견을 제시하고, 비판을 가하며, 일을 그르칠 가능성을 줄이고, 진리를 발견한다. 그러므로 자유와 비판은 긴밀한 연관성을 지닌다. 자유는 비판적 사고와 창의적 사고의 모체이고, 비판과 창조는 우리 사회가 부단히 발전할 수 있는 중요한 촉진제다.

자유와 권리

—

예로부터 자유는 인류가 추구하는 중요한 가치였다. 어느 누구도 자유를 빼앗는 걸 원치 않으며, 원치 않는 일을 강제로 하는 것도, 외부의 인위적인 제약을 받는 것도 바라지 않을 것이다. 모두가 자신의 인생 목표를 세우고 자신의 꿈을 이루길 소망한다. 하지만 근대에 들어서 권리를 이용해 자유를 쟁취하는 것으로 보는 시각이 출현했다. 바로 300여 년이란 짧은 역사를 가진 자유주의 사상이다.

자유주의의 창시자 로크(John Locke)는 철학자(영국 경험주의의 창시자)이자, 위대한 정치 개혁가다. 그의 사상은 지난 300년 동안 서양의 정치 발전에 지대한 영향을 끼쳤다. 로크는 《시민정부 2론》에서 인간이 평등하다는 점을 강조한다. 그의 주장에 따르면 조물주는 인간이 책임을 실천할 수 있도록 '생명', '자유', 그리고 '재산'에 대한

로크의 영향

로크의 권리 사상은 당시 영국의 명예혁명(1688년)과 그 후 통과된 권리 법안의 이론적 토대가 됐다. 그의 사상은 영국 정치제도의 발전을 뒷받침했을 뿐만 아니라 훗날 미국의 〈독립 선언〉(1776년)과 프랑스 대혁명(1789년)에도 많은 영향을 미쳤다. 미국의 〈독립 선언〉의 경우 기본권과 관련된 부분은 로크의 사상을 그대로 옮겨온 듯하다. 선언에는 '인간과 인간은 평등하고, 조물주는 인간에게 양도할 수 없는 권리인 생명권, 자유권, 행복 추구권을 부여했다'라고 적혀 있다.

기본권을 부여했고, 이러한 권리는 양도할 수도, 타인에게 줄 수도 없으며, 어느 누구도 박탈할 수 없다.

자유는 중요하다. 하지만 자유라고 해서 조금의 제약도 없을 순 없다. 그렇다면 그 기준은 무엇일까? 밀이 말한 바와 같이 어떤 일이든 자유롭게 하되 다른 이에게 피해를 줘선 안 된다. 그렇다면 피해를 줘선 안 되는 대상은 무엇인가? 바로 기본권을 보장받아야 하는 대상인 생명, 자유, 재산이다. 다시 말해 다른 이의 생명(신체를 포함), 자유, 재산에 피해를 주는 것은 옳지 않은 일이다. 예컨대 우리에게 언론의 자유가 있다고 해서 객석이 가득 찬 극장에서 '불이야'라고 고성을 지른다면 혼란이 발생하고, 심각한 경우 다치는 사람이 나올 수도 있다. 또 우리가 행동의 자유를 누린답시고 다른 이의 자유를 침해해서도 안 된다. 그러므로 도로 한복판에 마음대로 앉아 있는 건 안 될 일이다.

우리는 '도덕'편에서 이미 권리의 주요 기능이 인간의 악행은 막는 것임을 짚고 넘어왔다. 그렇다면 권리의 근거는 무엇일까? 로크는 조물주의 사명을 통해 기본권을 증립했다. 그러나 종교가 없는 이들에겐 이러한 주장은 설득력이 떨어진다. 훗날 계몽 운동가들이 이성을 통해 종교의 교조(敎條)와 무지를 비판하자, 18세기 사상가들은 권리의 종교적 배경을 지우고자 노력했고, 이를 계기로 자연권이 등장했다. 소위 자연권이란 인간이 태어나면서부터 갖는 천부권(天賦權)을 의미한다. 조물주가 부여하는 것도, 국가 권력도 부여하는 것도 아니다. 다시 말해 기본권은 당연한 것이다. 프랑스 대혁명의 〈인간과 시민의 권리 선언〉에서는 자연권을 강조했다. 그렇다면 왜 인간은 태어나면서부터 이러한 기본권을 갖는 것일까? 벤담과 마르크스는 자연권을 비판했다. 자연권의 또 다른 문제는 사실 판단과 가치 판단의 혼돈을 가져온다는 점이다. 자연권은 '인간의 기본권은 천부권이며, 인간이 기본권을 갖는다'라는 것을 사실 판단으로 본다. 하지만 '인간은 기본권을 갖는다'의 진정한 의미는 '인간은 기본 권리를 마땅히 가져야 한다'이므로 가치 판단이다. 그것이 참인지 거짓인지 증명할 경험 증거가 없으므로 우리는 반드시 이유를 제시해 동의

하거나 반대해야 한다. 그 본질 자체가 분명하지 않기 때문이다. 권리의 기초에 대한 견해는 20세기에 접어들면서 또 달라진다. 유엔의 〈세계 인권 선언〉에서는 자연권이라는 용어 대신 '인권'이란 표현을 썼다. 그 근거는 바로 인간은 존엄(인권 선언의 제1조가 이 의미로 해석될 수 있다)하다는 것이다. 인권은 존엄을 보장받기 위한 필요조건이다. 이제 우리에겐 표현의 자유라는 권리가 있기에 말 한마디로 처벌을 받거나 문자옥(文字獄)*과 같은 일은 되풀이 되지 않을 것이다.

오늘날 홍콩인들은 수준 높은 자유를 누리고 있다. 마치 물속의 물고기처럼 자유롭기 그지없다. 그런데 어느 날 갑자기 자유와 권리를 박탈당한다고 생각해보라. 그 순간 자유의 소중함을 가슴 깊이 느낄 수 있을 것이다. 영화 〈노예 12년(12 Years a Slave)〉은 주인공 솔로몬의 실화를 바탕으로 만든 영화다. 19세기 중반 미국의 흑인 바이올리니스트 솔로몬은 뉴욕에 살며 양질의 교육을 받았다. 공연 차 워싱턴에 머물던 그는 납치된 후 루이지애나 주에 노예로 팔려가면서 참혹한 생활을 겪게 된다. 자유를 박탈당했지만 솔로몬은 끝까지 용기를 잃지 않고 자신의 지혜를 총동원해 다른 흑인 노예들을 도우며 인간의 존엄성을 수호한다. 훗날 흑인 노예제 폐지를 주장하는 캐나

---

* 중국에서 왕조 시대에 황제의 이름에 들어간 한자를 쓰거나 황제가 싫어하는 글자를 사용했다는 죄를 뒤집어씌워 관직을 박탈하거나 비판적 지식인을 사형까지 시킨 황제의 전횡을 일컫는 말—옮긴이

다인 사뮤엘을 만나면서 12년간의 노예생활의 종지부를 찍고 자유를 얻는다.

로크는 정부에게는 우리의 기본권을 보장할 책임이 있고, 우리는 정부의 권력을 제한해야 한다고 강조했다. 그는 정부 권력의 비대화는 우리의 기본권을 침해할 가능성이 커짐을 의미한다고 생각했다. 하지만 정부가 없어선 안 되므로 정부 혹은 국가를 '필요악'이라 규정하고 삼권(입법, 행정, 외교)을 분리해 3개 권력이 상호 균형(후에 프랑스 철학자 몽테스키외는 삼권을 입법, 행정, 사법이라 했다)을 이뤄 정부의 권력을 제한해야 한다고 주장했다. 자유주의자들은 민주 정치 제도에 찬성표를 던진다. 이러한 제도를 바탕으로 우리가 투표를 통해 리더를 선택하고, 법률 제정에 참여할 권리를 향유함으로써 효과적으로 기본권을 수호할 수 있기 때문이다.

정부 권력의 기원

로크는 정부가 생기기 전의 인간은 자연 상태에서 조물주가 부여한 기본권을 향유했다고 봤다. 예를 들어 누군가 나의 물건을 훔쳐 나의 재산권인 기본권을 침해했을 경우, 우리는 나의 재산을 회수하고 상대방을 처벌할 권리가 있었다. 하지만 매번 자신이 직접 자신의 권리를 수호한다면 시간도 에너지도 낭비임을 깨닫고 이 '권력'을 정부에게 양도해 우리의 기본권을 보장하도록 했다. 다시 말해, 정부의 권력은 시민에게서 나오며 정부의 주된 책임은 우리의 기본권을 보장하고, 폭력, 절도, 사기 등의 사건이 발생하지 않도록 하는 데 있다.

권리가 보장받지 못하는 사회의 자유는 쉽게 침해 받는다. 영화 〈타인의 삶(The Lives Of Others)〉 속 국민들의 자유는 공산주의 정권인 동독 정부의 감시 속에 크게 훼손된다. 서로를 까발리기에 바쁘고, 걸핏하면 죄를 묻고 자백을 강요하는 삶은 공포로 얼룩져있다. 동독 국가보위부 슈타지 소속 비밀경찰인 주인공의 임무는 극작가와 그의 연인인 유명 여배우를 감시하는 일이다. 문화부장관 헴프는 그 유명 여배우의 미색에 빠져 권력을 이용해 그녀의 마음을 얻기를 시도하고, 다른 한편으론 주인공에게 극작가의 반동 혐의를 찾을 것을 지시해 정적을 없애려 한다. 사리사욕을 위한 공권력의 남용이다. 주인공은 극작가를 감시하는 과정에서 서서히 극작가의 삶에 빠져들고 그의 굳건함과 이상에 매료돼, 결국 그의 은밀한 조력자를 자처한다. 주인공은 훈련으로 무장된 특수 요원으로 비인성(非人性)의 체제를, 극작가는 예술과 자유를 각각 대표한다. 주인공의 변화는 본능적으로 자유를 지향하는 인간의 본성을 보여준다.

영화 〈타인의 삶〉은 예술과 자유의 관계를 다시 한 번 생각하게 한다. 예술은 자유가 피워낸 최상의 아름다움을 지닌 꽃이자, 자유의 고귀한 순결함의 표상이며, 예술가는 진정한 자유의 수호자가 아닐까 생각해본다.

자유가 최고다?

—

　　자유주의자는 '생명이야말로 고귀하며, 사랑의 가치는 그보다 더할지언정 자유를 위해서라면 이 두 가지 모두 희생시킬 수 있다.'고 말한다. 자유는 정말 무한한 가치가 있는 것일까? 자유는 모든 가치를 압도할 만큼? 중요하다. 하지만 자유를 지나치게 강조한다면 권리의 남용과 방종, 이기심이란 폐단을 양산할 수 있다.

　　권리 남용이라는 문제는 사실 자유주의와 그리 직접적인 관계가 있지는 않다. 하지만 자유주의의 배후는 개인주이다. 권리 그 자체만을 보면 일부 '장점'도 있으므로, 개인의 관점에서 그로 인한 이익은 많으면 많을수록 좋다. 그러므로 권리의 남용이란 문제를 자유주의에서 파생된 폐단으로 보고자 한다. 게다가 권리가 늘어날수록 사생활 보호와 알 권리의 보장 사이에서 나타나는 갈등이 끊이지 않는 것처럼, 그 권리들 사이에서 나타나는 충돌과 갈등 또한 늘어날 수밖에 없다.

권리의 남용을 방지하기 위해서는 권리의 '목적'을 재검토할 필요가 있다. 이는 인위적인 악행의 발생을 억제하고, 권리를 제한하는 기준이 될 수 있다. 인간은 마땅히 노력을 통해 사회적 이익을 얻어야 한다. 그러므로 '복지'를 인권으로 보는 것은 옳은 처사가 아니라고 생각한다.

프랑스 대혁명이 발생한 후 자유와 평등은 보편적인 가치로 인식되면서 인류가 꿈꾸는 이상이 됐다. 그러나 자본주의라는 자유 경제 체제는 본질적으로 빈부 격차가 예정돼 있고, 그 격차는 사회 계급의 형성의 촉진제 역할을 한다. 경제적 이익은 권력과 명예와 맥을 같이하기 마련이다. 결론적으로 상류층이 이익의 대부분을 차지하고, 절대다수의 하층민들끼리 얼마 남지 않은 사회적 이익을 나눠 갖는다. 사회적 이익 분배의 불평등은 하층민이 가져야 할 기회마저 박탈해, 계급의 대물림을 낳고 대를 거듭하면서 빈부 격차는 심화된다.

자유주의자들은 평등이 정치 권리 분야에 국한돼야 한다고 주장한다. 간단히 말해 누구나 평등한 인권을 향유해야 한다는 의미다. 그들은 자유 경제가 가져온 경제적 불평등 문제를 합리적인 결과라고 평가하고 단지 기회의 평등만을 강조한다. 과거 여성들이 받았던 교육 기회의 차별이 바로 기회의 평등에 위배되는 사례다.

자유주의는 크게 두 유형으로 살펴볼 수 있다. 하나는 극단적인 자유주이고, 다른 하나는 평등을 중시하는 자유주의다. 경제 불평등에 대해 양자는 다른 반응을 보인다. 평등을 중시하는 자유주의자들은 출발선부터 평등해야 한다고 주장할 것이다. 중국 본토에서 홍콩으로 이주한 이민 자녀는 이미 출발선상에서부터 홍콩에서 나고 자란 아이들에게 뒤처진다. 그만큼 정부는 그들에게 별도의 지원을 해야 한다.

극단적인 자유주의자들의 눈에 평등을 중시하는 자유주의자들은 사회주의에 가깝게 비춰질 수 있다. 북유럽 등지의 복지 국가들은 고소득층에게 저소득층보다 고율의 세금을 부여하는 누진세를 적용해 빈부 격차를 줄인다. 하지만 극단적 자유주의자들의 입장에서 보면 누진세는 고소득층의 재산권을 침해하고, 정부의 권력을 강화하는 행태일 뿐이며 초기 자유주의 이념에도 위배되는 제도다.

경제 불평등 문제에 관해선 평등을 중시하는 자유주의자들의 말이 더 합당한 듯하다. 자유 경제는 개인이 무제한으로 재산을 축적하는 것을 용인한다. 하지만 막대한 재산을 기반으로 한 경제 권력은 정치뿐만 아니라 정치권력의 분배에까지 영향을 미칠 수 있다. 일부 다국적 회사들은 자금력을 동원해 아프리카 빈국의 정책을 쥐락펴락한다. 권리의 '목적'은 폭정으로 인한 피해를 막기 위해서임을 명심해야 한다. 경제 권력이 정치적 결정에 영향력을 행사하고 있음이 현실로 드러나고 있지 않은가? 그러므로 경제 권력을 제한하는 것은 절대 불합리한 처사가 아니다.

자유주의 사회의 다음 세대에선 더 많은 문제가 양산될 것으로 보인다. 영화 〈찰리와 초콜릿 공장(Charlie And The Chocolate Factory)〉은 이러한 현실을 고스란히 담아냈다. 영화 속 초콜릿 공장은 15년째 베일에 싸여 있다. 그러던 어느 날 공장장인 윙카가 어린이들에게 공장을 구경시켜주기로 결심하고, 그 초대권인 황금 티켓 다섯 장이 포함된 초콜릿을 전 세계에 판매한다. 이와 더불어 황금 티켓을 얻은 다섯 명 중 한 명에게는 대상의 행운이 따를 것이라고 발표한다. 황금 티켓을 갖기 위해 전 세계 아이들은 앞다투어 초콜릿을 구매하고, 그 결과 아우구스투스, 버루카, 바이올렛, 마이크 그리고 주인공 찰리가 황금 티켓의 행운을 거머쥔다.

찰리를 제외한 네 아이의 행태에는 자유방임주의의 문제점이 하나하나 투영돼 있다.

식탐대왕 아우구스투스는 온종일 쉬지 않고 먹은 끝에 황금 티켓을 얻는다. 식탐은 자유 경제가 가져오는 물질주의를 상징한다. 식탐을 부리던 아우구스투스는 결국 초콜릿 잼에 빠지게 된다.

바이올렛은 경쟁 숭배주의자다. 무조건 일등을 해야 직성이 풀리는 이 아이는 풍선껌 오래 씹기 세계 기록 보유자다. 바이올렛은 윙카에게 새로운 테스트캔디가 있다는 소문을 듣고는 먹어 보고 싶어 안달이다. 하지만 실제로 아이가 감내할 고통은 이만저만이 아니다. 이는 자유 경쟁 속에서 나타나는 맹목적인 경쟁 심리를 보여준다.

베루카는 애지중지 자란만큼 응석둥이다. 그녀의 아버지는 회사 직원들까지 총동원해 초콜릿을 사들이고, 마침내 딸의 손에 황금 티켓을 쥐어준다. 공장의 청설모에 푹 빠져 애완동물로 데려오려다가 청설모의 처절한 응징을 받고 마는 베루카는 매사에 자신의 감정만을 앞세우고 이기심으로 똘똘 뭉친 자유방임주의의 산물임이 확연히 드러난다.

마이크는 어릴 적부터 게임광이었다. 컴퓨터로 황금 티켓이 나올 확률을 계산해 성공적으로 손에 쥘 수 있었다. 마이크는 TV를 통해 초콜릿 운반 시스템의 과학 기술을 보고 자신이 조작할 수 있을 거라 자신했지만, 오히려 자신이 TV 속 운반 시스템에 들어가게 된다. 자업자득이다.

비록 가난한 집에서 자랐지만 선량하고 겸손한 품성을 가진 찰리는 어릴 적부터 초콜릿 공장 얘기에 푹 빠져 있던 차에 할아버지가 사다주신 초콜릿에서 황금 티켓을 발견한다. 찰리는 그저 초콜릿 공장을 둘러보고 싶은 마음뿐이다. 다른 아이들처럼 말썽을 피우지 않아 최종적으로 대상의 행운까지 안은 찰리는 초콜릿 공장의 후계자가 된다. 영화는 품성이 가장 중요하다는 사실을 일깨워주는 듯하다. 찰리의 올바른 품성은 그의 가정교육과 무관하지 않다. 가난했지만 할아버지는 황금 티켓을 돈벌이 수단으로 이용하지 않았다. 소위 삶은 빈곤해도 의지는 빈곤하지 않았다는 말처럼. 윙카는 찰리에게 집을 떠나 초콜릿 공장에 올인해줄 것을 부탁했지만, 찰리는 단박에 거절했고 오히려 윙카가 아버지와 화해할 수 있도록 돕는다. 이러한 장면들은 가정의 소중함을 일깨우고 공동체주의적 시각을 반영한다.

공동체주의자들은 자유주의자들이 개인과 사회의 관계를 오인하고 있다고 생각한다. 로크가 상상하는 자연 상태 속 인간의 '자아'는 사회로부터 분리되나, 선택 능력만을 가진 것으로 설정돼 있다. 하지만 인간은 사회화의 산물로 사회의 요소들이 그들의 기호와 가치

자유주의에 대한 비판

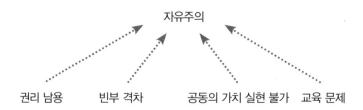

자유주의

권리 남용 빈부 격차 공동의 가치 실현 불가 교육 문제

관 속에 뿌리내리고 있다. 자유주의가 '자아'와 '목표'를 분리하는 이유는 가치는 주관적이므로 개개인이 인생의 목표를 설정할 자유를 갖는다고 보기 때문이다. 그러나 공동체주의자들은 이러한 개인주의를 인생의 목표를 실현하기 위한 도구로 보고, 개인의 가치만 실현할 수 있을 뿐 우정이나 가족과 같은 공동체적 가치의 실현을 저해해 공동가치의 부재를 낳고 결국 이상적인 인생도, 이상적인 사회도 아닌 결과를 초래한다고 주장한다.

자유주의는 독립적인 개체로서의 인간의 선택 능력을 강조한다. 그러나 무엇을 선택하는 게 정답인지는 알려주지 않는다. 다수의 자유주의자들은 타인에게 피해를 주지 않는다는 전제하에 주관적인 인생의 가치를 선택할 수 있다고 본다. 다른 한편으로 자유주의자들은 일부에서 강조하는 가치들은 객관적인 사상과 사회이므로 모두 강제성을 띤다고 입을 모은다. 심지어 우리의 뇌를 '리셋'해 그 가치관을 주입시킨다면 우리의 자유와 권리는 크게 손상될 것이라고 우려한다. 인생의 의미는 개인의 선택에 달렸다. 이는 논란의 여지가 없다. 그렇다고 가치가 꼭 주관적인 선택에 그칠 뿐이란 의미는 아니다. 그마다의 차이를 갖는 가치는 다양(다양이라는 것은 주관을 포함하지 않는다)하며, 가치를 비교하는 일도 쉽지 않다.

결론

—

　선진국에선 자유권의 남용 문제가 심심찮게 등장한다. 다른 한편에선 과학기술의 눈부신 성장과 함께 개인에 대한 감시 능력도 '일취월장'하면서 자유권에 대한 위협이 확대되고 있다. 영화 〈마이너리티 리포트〉 속 흉악범죄를 예측하는 프리크라임 시스템이나 영화 〈가타카〉 속의 유전자테스트 기술을 떠올려 보라. 단지 한 가닥 머리카락만으로도 개인의 사생활이 만천하에 드러날 수도 있다.

　자유와 평등은 보편적인 가치관이지만, 이 두 개념은 잠재적으로 모순 관계에 놓여 있다. 만약 더 많은 자유가 쥐진다면 평등의 입지는 좁아질 것이고, 좀 더 평등해진다면 일부 자유는 제한 받게 된다. 예를 들어 홍콩에서 추첨제로 중학교를 배정한다면 분명 더 많은 평등을 실현할 수 있다. 그러나 학부모와 학생의 선택의 자유는 오히려 침해당한다. 자유주의자들은 가장 중요한 가치로 자유를 꼽고, 마르크스는 자유보다 평등을 더 중요한 가치로 판단했다. 하지만 마르크스주의의 사회 실험을 이미 실패했다. 나는 자유가 있었기에 평등이란 개념이 나타났다고 생각한다. 왜냐하면 모든 사람이 동일한 기회를 통해 자신의 이상을 실현하거나 이익을 추구하기 때문이다. 즉, '평등은 자유를 따르며, 자유가 평등보다 우선시된다'.

비록 자유주의를 신봉하는 사회에는 공동체주의가 비판하는 문제들이 존재하지만, 이는 단지 자유가 유일하거나 가장 중요한 가치가 아니라고 말하는 것에 불과하다. 자유 외에도 인애나 공정 등도 절대 놓쳐서는 안 될 중요한 가치다. 자유의 특징은 다른 가치들의 전제가 된다는 점이다. 즉, 자유는 다른 가치의 실현을 위한 선행조건 혹은 선결조건인 셈이다. 자유가 있어야만 선택을 할 수 있고, 노력을 기울일 수 있으며, 다른 가치를 창출해 이상에 도달할 수 있다.

핵심가치의 핵심

일전에 헨리 탕잉옌(Henry Tang Ying-yen)이 '핵심적인 핵심가치' 라는 애매모호한 말을 던진 바 있다. 이제야 나 또한 '핵심가치의 핵심'이란 말을 할 수 있겠다. 쥀는 무엇일까? 바로 자유다.

에필로그

—

　이 책은 도덕과 죽음, 교육과 환경보호, 자아와 사랑, 마지막으로 진실과 자유라는 여덟 가지 주제를 4개의 챕터에 담아 구성했다.

　도덕과 죽음은 어느 누구도 피할 수 없는 문제다. 도덕은 어떤 사람이 되느냐를 결정짓는 문제고, 죽음은 인간이라면 누구나 반드시 직면해야 할 문제다. 혹자는 도덕은 단지 입으로만 얘기할 뿐, 실제 생활에선 쓸모없다고 말하기도 한다. 〈범죄와 비행〉의 안과 의사처럼 말이다. 하지만 도덕은 인생을 살아가는 가치관이 아니던가? 죽음에 대해 진지한 고민을 해본 적이 없는 사람이라도 언젠가는 이 문제를 마주할 수밖에 없다. 죽음에 대한 논의는 애써 피할 수 있을지 몰라도 죽음 자체는 절대적으로 마주해야 할 과정이다. 그런 까닭으로 일찍이 죽음을 고민해봐야만 더욱 의미 있는 인생을 살 수 있을 것이다. 나는 도덕도 사후세계에 관여한다고 본다. 정말 천당과 지옥이 존재한다면, 그 판단 기준은 이승에서 쌓은 덕이 아닐까?

　교육과 환경보호는 사회적이고 시대적인 이슈다. 21세기 인류는 중대한 전환기를 맞이하게 될 것이다. 환경오염도 그중 한 가지 계기다. 만약 인류가 새로운 대체에너지를 개발한다면 인류의 문명은 지속적으로 발전할 수 있다. 다른 한 가지는 사회 제도의 혁신이다. 교육계도 진취적으로 이러한 개혁에 뛰어들 것이다. 사실 지금까지 교육계는 사회 보수 세력에 좌지우지돼온 것이 사실이다. 하지만 앞으로는 능동적인 주체로서 사회 개혁에 앞장설 것으로 전망된다.

자아와 사랑은 개인의 성장에 깊은 영향을 미친다. 어쩌면 사랑은 자아의 발전된 개념이라고 할 수 있다. 나를 사랑의 대상으로 확대시킨다면 말이다. 사랑은 비교적 분명하다. 사랑하는 사람들은 종종 상대방을 자신의 일부로 여기기도 한다. 자아의 결점인 이기주의나 독선도 다잡아줄 수 있는 사랑은 배려와 존중을 의미하고, 역지사지(易地思之)의 마음으로 다른 이의 입장에서 자신을 더욱 가꿔나갈 수 있는 기회를 부여한다.

진실과 자유는 형상학적 의미가 농후하지만, 경험적 의미도 무시할 순 없다. 진실과 자유는 매우 실제적인 경험이다. 진실과 자유를 지향하는 것이 선험적 명제에 가깝다는 것은 자명한 사실이다. 자유도 진실의 필요조건이지만 궁극적인 진실은 정신적 자유에 영향을 미친다. 진실과 자유는 인류의 영원한 주제니 말이다.

물론 여덟 가지 주제는 서로 긴밀한 연관성을 띤다. 도덕은 자유의지라는 문제와 연관돼 있으며 덕을 함양하는 것은 교육과 불가분의 관계다. 도덕 또한 자아 발전의 지표이기도 하다. 종교적 입장에서 보면 사후세계는 더욱 진실하므로 도덕은 사후세계의 우리의 향방과도 무관하지 않다. 자유는 방종이라는 폐단을 낳을 수 있다고 여러 차례 강조한 것도 현대 교육이 직면한 난제 가운데 하나다. 또 환경보호는 자유 경제 체제의 부산물이다.

본문에서는 공자와 플라톤의 철학을 비교적 많이 다뤘다. 이는 우연히 아니다. 이 두 고대 철학자 가운데 한 명은 중국에서, 다른 한 명은 서양에서 2,000여 년 전에 자신의 사상을 설파했다. 그리고 그 오랜 시간을 관통해 오늘을 사는 우리에게 여전히 큰 깨달음과 가르침을 준다. 화이트헤드는 "서양철학은 플라톤의 주석에 불과하다"라고 말했다. 이는 거짓말이 아니다. 플라톤이 생각한 문제들은 모두 보편적 의의를 갖기 때문이다. 중국에도 '중니가 없었다면 중국 사회는 긴 시간 어둠 속에 머물렀을 것이다(天不生仲尼,萬古如長夜)'란 말이 있는데 여기서 중니는 공자를 가리킨다. 이 말 또한 과장이 아니다. 공자의 깨우침은 영원한 가치를 갖고 있다.

〈굿바이〉, 〈그렇게 아버지가 된다〉, 〈매트릭스〉, 〈살다〉 등 본문에서 제시한 영화들 대다수는 관객에게 깊은 여운을 남기며 관련 문제에 대한 진지한 고민과 성찰을 이끌어냈다. 특히, 〈매트릭스〉의 경우 진실에 관한 문제부터 자유의지, 결정론, 더 나아가 종교에 이르기까지 풍부한 철학적 메시지를 담고 있다. 단지 편폭과 주제의 제약으로 깊이 다루지 못한 점이 아쉬울 따름이다. 혹시 기회가 줬진다면, 영화별로 좀 더 집중적인 분석과 토론을 시도해보고 싶다.

한 가지 더 얘기하고 싶은 것이라면 영화 제목의 번역이다. 흥미롭게도 동일 영문 원제에 대해 각기 다르게 번역한 중국 대륙과 홍콩, 그리고 대만의 번역 제목에는 세 지역의 문화와 가치관이 고스란히 배어 있었다. 영화 〈Crime And Misdemeanors(한국명: 범죄의 비행)〉의 경우, 홍콩에서는 '기쁨도 잠시(歡情太暫)'로 번역됐는데, 이는 1970년대 유행가인 '분비연(分飞燕)'의 가사 속 한 소절인 '기쁨이 잠시라는 것을 원망할 뿐이죠(只怨歡情何太暫)'에서 따온 것이다. 분명한 것은 이 제목을 통해 영화 속 주인공과 정부가 함께 하는 신을 포함해 고작 두 신에 불과한 짧은 인연을 포커싱했다는 사실이다. 사랑에 방점을 둔 이 번역제목은 홍콩 관객들의 기호에 잘 맞는 '현실'적인 번역이었다고 볼 수 있다. 대만에서는 '사랑과 죄(愛與罪)'라는 이름으로 극장에 걸렸는데, 영화의 주제와 썩 잘 어울린다. 이 제목을 본 관객들은 영화 속 사랑과 범죄의 관계에 주목하고 '사랑'과 '죄'를 인정했을 것이다. 도스토옙스키의 명저 《죄와 벌》을 떠올리게 하는 이 번역 제목은 대만 사람들의 문학 수준을 가늠해볼 수 있는 대목이기도 하다. 대륙에서는 '범죄와 부정(犯罪與不端)'으로 번역했는데 가장 명실상부한 번역이다. 원제의 'Crime'은 범죄이고, 'misdemeanor'는 부정한 행위 혹은 경범죄를 뜻하니 말이다. 영화 속 범죄는 당연히 살인을 의미하고, 부정은 배신과 기만을 뜻하며, 주인공은 부정을 은폐하기 위해 범죄를 저지른다. 가장 원제에 충실한 대륙의 번역 제목에는 진실한 사회주의의 특색이 투영돼 있다. 나 또한 이 제목이 가장 마음에 든다.

참고 영화

짚의 방패(藁の楯)

감독: 미이케 다카시
각본: 하야시 타미오, 키우치 카즈히로
출연: 후지와라 타츠야, 오오사와 타카오,
　　　마츠시마 나나코, 이부 마사토
연도: 2013년
언어: 일본
주제: 도덕

데스 노트 – L: 새로운 시작
(最終の23日)

감독: 나카다 히데오
각본: 코바야시 히로토시, 후이지 키요미
출연: 마츠야마 켄이치, 쿠도 유키,
　　　후쿠다 마유코
연도: 2007년
언어: 일본
주제: 환경보호

사랑과 영혼(Ghost)

감독: 제리 쿠거
각본: 브루스 조엘 러빈
출연: 패트릭 스웨이지, 데미 무어,
　　　우피골드버그
연도: 1990년
언어: 영어
주제: 자아

무적의 소림쿵푸 마스터

감독: 두기봉, 위가휘
각본: 위가휘, 유내해, 구건아, 엽천성
출연: 유덕화, 장백지, 장조휘
연도: 2003년
언어: 광동어
주제: 사망, 자아

센과 치히로의 행방불명
(千と千尋の神隠し)

감독: 미야자키 하야오
각본: 미야자키 하야오
연도: 2001년
언어: 일어
주제: 환경보호, 자아

그렘린(Gremlin)

감독: 조 단테
각본: 크리스 콜럼버스
출연: 재크 갤리건, 피비 케이츠
연도: 1984년
언어: 영어
주제: 사랑

매트릭스(The Matrix)

감독: 워쇼스키 형제
각본: 워쇼스키 형제
출연: 키아누 리브스
연도: 1999년
언어: 영어
주제: 진실

공자: 춘추전국시대

감독: 후메이
각본: 진한
출연: 주윤발, 저우쉰, 첸빈천, 런촨
연도: 2010년
언어: 중국어
주제: 교육

월-E(WALL-E)

감독: 앤드류 스탠튼
각본: 앤드류 스탠튼, 임 리던
연도: 2008년
언어: 영어
주제: 환경보호

간디(Gandhi)

감독: 리차드 아텐보로
각본: 존 브릴리
출연: 벤 킹슬리, 로히니 하탕가디, 로한 세드
연도: 1982년
언어: 영어
주제: 사랑

마이너리티 리포트(Minority Report)

감독: 스티븐 스필버그
각본: 스코트 프랜트, 존 코헨, 필립 k. 딕
　　　(원작)
출연: 톰크루즈, 콜린 파렐, 사만다 모튼,
　　　막스 본 시도우
연도: 2002년
언어: 영어
주제: 자유

프라하의 봄
(The Unbearable Lightness Of Being)

감독: 필립 카우프만
각본: 진-크라우드 캐리어, 필립 카프만,
　　　밀란 쿤데라(원작)
출연: 다니엘 데이스, 줄리엣 비노쉬,
　　　레나 올리
연도: 1988년
언어: 영어
주제:사랑

세 얼간이(3 Idiots)

감독: 라지쿠마르 히라니
각본: 애브히짓 조쉬, 라지쿠마르 히라니
출연: 아미르 칸, 카리나 카푸, 마드하반,
　　　셔먼 조쉬
연도: 2009년
언어: 인도어
주제: 도덕, 교육, 진실

델마와 루이스(Thelma & Louise)

감독: 리들리 스콧
각본: 칼리 코니
출연: 수잔 서랜든, 지나 데이비스
연도: 1991년
언어: 영어
주제: 자아

찰리와 초콜릿 공장
(Charlie and the Chocolate Factory)

감독: 팀 버튼
각본: 존 오거스트, 로알드 달(원작)
출연: 조니 뎁, 프레디 하이모어,
　　　데이비드 켈리
연도: 2005년
언어: 영어
주제: 자유

이키가미(イキガミ)

감독: 타키모토 토모유키
각본: 사사키 아키미츠, 타키모토 토모유키,
　　　야츠 히로유키
출연: 마츠다 쇼타, 츠카모토 타카시,
　　　나루미 리코
연도: 2008년
언어: 일본어
주제: 죽음

데드 맨 워킹(Dead Man Walking)

감독: 팀 로빈슨
각본: 팀 로빈스, 시트서 헬렌 프리진 C.S.J
　　　(원작)
출연: 수잔 서랜든, 숀 펜
연도: 1995년
언어: 영어
주제: 죽음

지구가 멈추는 날
(The Day The Earth Stood Still)

감독: 스콧 데릭슨
각본: 데이비드 스카파, 에드먼드 H. 노스
출연: 키아누 리브스, 제니퍼 코넬리,
　　　제이든 스미스, 캐시 베이츠
연도: 2008년
언어: 영어
주제: 환경보호

토탈 리콜(Total Recall)

감독: 폴 버호벤
각본: 로날드 슈셋, 댄 오바논, 개리 골드만
출연: 아놀드 슈왈제네거, 레이첼 티코틴
연도: 1990년
언어: 영어
주제: 자아

저스트 팰로우 로우(Just Follow Law)

감독: 젝 네오
각본: 원설영
출연: 범문방, 헨리 디아
연도: 2007년
언어: 영어, 중국어, 복건어
주제: 자아

나는 누구인가?

감독: 성룡, 진목승
각본: 성룡, 진숙현
출연: 성룡, 미첼 아우라 미호 페레,
　　　미라이 야마모토
연도: 1998년
언어: 광동어
주제: 자아

뱀파이어와의 인터뷰
(Interview With The Vampire)

감독: 닐 조던
각본: 앤 라이스
출연: 톰 크루즈, 브래드 피트,
　　　크리스틴 던스트
연도: 1994년
언어: 영어
주제: 죽음

디 아이(The Eye)

감독: 옥사이드 팽, 대니 팽
각본: 허월진, 팽순, 팽발
출연: 이심결, 주준위, 여교음
연도: 2002년
언어: 광동어
주제: 죽음

명장

감독: 진가신
각본: 순란, 진천남, 임애화, 황건신, 허월진,
　　　하비평, 곽준립, 완세생
출연: 이연걸, 유덕화, 금성무, 서정뢰
연도: 2007년
언어: 중국어
주제: 사랑

아바타(Avartar)

감독: 제임스 카메론
각본: 제임스 카메론
출연: 샘 워싱턴, 조 샐다나, 스테펀 랑
연도: 2009년
언어: 영어
주제: 환경보호

몬스터 대학교(Monsters University)

감독: 댄 스캔론
각본: 댄 스캔론, 다니엘 저슨, 로버트 L.
　　　베리드
연도: 2013년
언어: 영어
주제: 교육

투모로우(The Day After Tomorrow)

감독: 롤랜드 에머리히
각본: 롤랜드 에머리히, 제프리 나크마노프
출연: 대아수 퀘이드, 제이크 갈렌할, 란 홈
연도: 2004년
언어: 영어
주제: 환경보호

천국보다 아름다운
(WHAT DREAMS MAY COME)

감독: 빈센트 워드
각본: 로날드 바스, 리차드 마떼슨
출연: 로빈 윌리엄스, 쿠바 구딩 주니어,
　　　아나벨라 시오라
연도: 1998년
언어: 영어
주제: 사랑

살다(生きる)

감독: 구로사와 아키라
각본: 구로사와 아키라, 하시모토 시노부,
　　　오구니 히데오
출연: 시무라 다카시, 미노루 지아키
연도: 1952년
언어: 일본어
주제: 사망, 진실

용의자 x의 헌신(容疑者Xの献身)

감독: 나시타니 히로시
각본: 후쿠다 야스시
출연: 후쿠야마 마사하루, 시바사키 코우,
    기타무라 가즈키
연도: 2008년
언어: 일본어
주제: 죽음, 진실

해프닝(The Happening)

감독: M. 나이트 샤말란
각본: M. 나이트 샤말란
출연: 마크 월버그, 주이 디샤넬,
    존 레귀자모, 베티 버클리
연도: 2008년
언어: 영어
주제: 환경보호

노아(Noah)

감독: 대런 애러노프스키
각본: 대런 애러노프스키, 아리 핸델
출연: 러셀 크로, 제니퍼 코널리,
    레이 윈스톤, 엠마 왓슨
연도: 2014년
언어: 영어
주제: 환경보호

판타스틱 4(The Fantastic Four)

감독: 팀 스토리
각본: 마이클 프란스, 마크 프로스트
출연: 욘 그루퍼드, 제시카 알바, 제시카 알바,
    크리스 에반스, 마이클 쉬크리
연도: 2005년
언어: 영어
주제: 도덕

더 라스트 데이(The Last Day)

감독: 제임스 몰
연도: 1998년
언어: 영어, 독일어, 헝가리어
주제: 도덕

귀역

감독: 옥사이드 팽, 대니 팽
각본: 옥사이드 팽, 대니 팽, 팽박성, 전강한,
    용화심
출연: 이심결, 유조명, 증아기
연도: 2006년
언어: 광동어
주제: 죽음

샤인(Shine)

감독: 스콧 힉스
각본: 잔 사디
출연: 제프리 러쉬, 노아 테일러, 아민 뮬러
연도: 1996년
언어: 영어
주제: 자아

심플 라이프

감독: 허안화
각본: 진숙현, 이은림
출연: 엽덕한, 유덕화
연도: 2011년
언어: 광동어
주제: 사랑

트루먼 쇼(The Truman Show)

감독: 피터 위어
각본: 앤들 리콜
출연: 짐 캐리, 로라 린니, 노아 에머리히
연도: 1998년
언어: 영어
주제: 진실

할로우맨(Hollow Man)

감독: 폴 버호벤
각본: 앤드류 W. 말로
출연: 엘리자베스 슈, 케빈 베이컨,
　　　조쉬 브롤린
연도: 2000년
언어: 영어
주제: 도덕

다크 씨티(Dark city)

감독: 알렉스 프로야스
각본: 알렉스 프로야스, 데이비드 고어,
　　　램 돕스
출연: 루퍼스 스웰, 키퍼 서덜랜드,
　　　제니퍼 코넬리
연도: 1998년
언어: 영어
주제: 자아

노예 12년(12 Years a Slave)

감독: 스티브 매퀸
각본: 존 리들리, 솔로몬 노섭
출연: 치웨텔 에지오포, 마이클 패스벤더,
　　　베네딕트 컴버배치
연도: 2013년
언어: 영어
주제: 자유

불편한 진실(An Inconvenient Truth)

감독: 데이비스 구겐하임
각본: 엘 고어
출연: 엘 고어
연도: 2006년
언어: 영어
주제: 환경보호

점퍼(Jumper)

감독: 더그 라이먼
각본: 데이비드 S. 고이어, 짐 얼스,
　　　사이먼 킨버그, 스티븐 굴드
출연: 헤이드 크리스텐슨, 제이미 벨,
　　　사무엘. L. 잭슨, 레이첼 빌스
연도: 2008년
언어: 영어
주제: 도덕

쉰들러 리스트(Schindler's List)

감독: 스티븐 스필버그
각본: 스티븐 자일리언, 토머스 케닐리(원작)
출연: 리엄 니슨, 벤 킹즐리, 랄프 파인스,
　　　캐럴라인 구돌
연도: 1993년
언어: 영어
주제: 도덕

다빈치 코드(The Da Vinci Code)

감독: 론 하워드
각본: 아키바 골드먼, 댄 브라운(원작)
출연: 톰 행크스, 오드리 토투, 란 맥켈렌
연도: 2006년
언어: 영어
주제: 자유

크리스마스 캐롤(Scrooge)

감독: 브라이언 데스몬드 허스트
각본: 노엘 랑레이
출연: 알라스테어 심, 머빈 존스,
　　　헤르미온 배틀리
연도: 1951년
언어: 영어
주제: 죽음, 사랑

아마데우스(Amadeus)

감독: 밀로스포먼
각본: 피터 섀퍼
출연: 톰 헐스, F 머레이 아브라함,
　　　엘리자베스 베리지
연도: 1988년
언어: 영어
주제: 사랑

오만과 편견(Pride & Prejudice)

감독: 조 라이트
각본: 데보라 모가하
출연: 키이라 나이틀리, 매튜 맥퍼딘,
　　　브렌다 블레신
연도: 2005년
언어: 영어
주제: 사랑

파이트 클럽(Fight Club)

감독: 데이비드 핀처
각본: 짐 얼스
출연: 브래드 피트, 에드워드 노튼,
　　　헬레나 본햄 카터
연도: 1999년
언어: 영어
주제: 자아

베니스에서의 죽음(Death In Venice)

감독: 루치노 비스콘티
각본: 루치노 비스콘티, 니콜라 바다루코,
　　　토마스 만
출연: 더크 보거드, 실바나 망가노
연도: 1971년
언어: 영어, 이탈리아어
주제: 사랑

엑스페리먼트(The Experiment)

감독: 폴 쉐어링
각본: 폴 쉐어링, 올리버 히르비겔(원작),
　　　마리오 지오다노(원작), 크리스토프
　　　단스타드(원작)
출연: 에드리언 브로다, 포레스트 휘테커,
　　　캐 지겐뎃, 클리프톤 콜린스 주니어
연도: 2010년
언어: 영어
주제: 도덕

탈사

감독: 구예도
각본: 증국사
출연: 이수헌, 위리, 황자화, 오청연
연도: 1997년
언어: 광동어
주제: 자아

꿀벌 대소동(Bee Movie)

감독: 사이몬 J. 스미스, 스티브 히트너
각본: 제리 세인펠드, 앤디 로빈, 배리 만더,
　　　피크 페레슨
연도: 2007년
언어: 영어
주제: 환경보호

천하영웅

감독: 천카이거
각본: 천카이거
출연: 갈우, 왕학기, 황효명, 판빙빙
연도: 2010년
언어: 영어
주제: 환경보호

늑대와 춤을(Dances With Wolves)

감독: 케빈 코스트너
각본: 마이클 새뮬러
출연: 케빈 코스트너, 메레 맥도웰
연도: 1990년
언어: 영어
주제: 자아

죽은 시인의 사회
(Dead Poets Society)

감독: 피터 위어
각본: 존 스쿨맨
출연: 로빈 윌리암스
연도: 1989년
언어: 영어
주제: 교육, 사랑

묵공

감독: 장지량
각본: 장지량, 사케미 겐이치(원작)
출연: 유덕화, 판빙빙, 왕즈웬
연도: 2006년
언어: 영어
주제: 교육, 사랑

그렇게 아버지가 된다(そして父になる)

감독: 고레에다 히로카즈
각본: 고레에다 히로카즈
출연: 후쿠야마 마사하루, 오노 마치코,
      릴리 프랭키, 마키 요코
연도: 2013년
언어: 일본어
주제: 사랑, 진실

심사관 2

감독: 두기봉
각본: 소려경
출연: 주성치, 장만옥, 오맹달, 황추생
연도: 1993년
언어: 광동어
주제: 자아

굿 바이: Good & Bye(おくりびと)

감독: 타키타 요지로
각본: 코야마 쿤도
출연: 모토키 마사히로, 히로스에 료코,
      츠토우 야마자키
연도: 2008년
언어: 일본어
주제: 죽음, 사랑

브로크백 마운틴

감독: 리앙
각본: 래리 맥머트리, 다이애나 오사나
출연: 히스 레저, 제이크 질렌할,
      앤 해서웨이, 미쉘 윌리엄스
연도: 2005년
언어: 영어
주제: 사랑

개미(ANTZ)

감독: 에릭 다넬, 팀 존슨
각본: 폴 웰츠, 크리스 웰츠, 토드 알코트
연도: 1998년
언어: 영어
주제: 자아

나홀로 집에(Home Alone)

감독: 크리스 콜로버스
각본: 존 허그스
출연: 맥퀄리 컬킨, 조 페시, 다니엘 스턴
연도: 1990년
언어: 영어
주제: 사랑

나홀로 집에 2 – 뉴욕을 헤매다
(Home Alone 2: Lost in New York)

감독: 크리스 콜럼버스
각본: 존 허그스
출연: 맥컬리 퀄킨, 조 페시, 다니엘 스턴
연도: 1992년
언어: 영어
주제: 사랑

반지의 제왕(The Lord of the Rings)

감독: 피터 잭슨
각본: 프란 월쉬, 필리파 보옌스, 피터 잭슨,
       스테핀 신클레어
출연: 일라이저 우드, 이안 맥켈런,
       리브 타일러, 비고 모텐슨, 숀 오스틴
연도: 2001~2003년
언어: 영어
주제: 도덕

로보캅(Robocop)

감독: 폴 버호벤
각본: 에드워드 뉴메어, 마이클 마이너
출연: 피터 웰러, 낸시 알렌, 댄 오힐리히,
       로니 콕스
연도: 1987년
언어: 영어
주제: 자아

타이타닉(Titanic)

감독: 제임스 카메론
각본: 제임스 카메론
출연: 레오나르도 디카프리오, 케이트 윈슬렛
연도: 2012년
언어: 영어
주제: 사랑

장미의 이름
(The Name Of The Rose)

감독: 장 자크 아노
각본: 제라르 브라크, 알레인 고다드,
       앤드루 버킨, 하워드 프랭클린,
       움베르토 에코(원작)
출연: 숀 코넬리, F. 머리 에이브러햄,
       크리스틴 슬레이터
연도: 1986년
언어: 영어
주제: 교육

굿 월 헌팅

감독: 거스 밴 샌트
각본: 멧 데이먼, 벤 애플렉
출연: 로빈 윌리엄스, 멧 데이먼, 벤 애플렉
연도: 1997년
언어: 영어
주제: 교육, 자아

가타카(Gattaca)

감독: 앤드류 니콜
각본: 앤드류 니콜
출연: 에단 호크, 우마 서먼
연도: 1997년
언어: 영어
주제: 자유

범죄와 비행
(Crimes And Misdemeanors)

감독: 우디 앨런
각본: 우디 앨런
출연: 우디 앨런, 마틴 렌도, 미아 패로우,
　　　앨랜 앨다
연도: 1989년
언어: 영어
주제: 도덕

타인의 삶(the lives of others)

감독: 플로리안 헨켈 폰 도너스마르크
각본: 플로리안 헨켈 폰 도너스마르크
출연: 울리히 뮤흐, 마르티나 게덱,
　　　세바스티안 코치
연도: 2006년
언어: 독일어
주제: 자유

영화에서 철학을 만나다

사람은 왜 도덕적이어야 하는가

2017. 5. 2. 초판 1쇄 인쇄
2017. 5. 10. 초판 1쇄 발행

지은이 | 량광야오
옮긴이 | 임보미
펴낸이 | 이종춘
펴낸곳 | **BM** 주식회사 **성안당**
주소 | 04032 서울시 마포구 양화로 127 첨단빌딩 5층(출판기획 R&D 센터)
       10881 경기도 파주시 문발로 112 출판문화정보산업단지(제작 및 물류)
전화 | 02) 3142-0036
       031) 950-6300
팩스 | 031) 955-0510
등록 | 1973. 2. 1. 제406-2005-000046호
출판사 홈페이지 | **www.cyber.co.kr**
ISBN | 978-89-315-8095-2 (03100)
정가 | **14,000원**

이 책을 만든 사람들
기획 | 최옥현
진행 | 박종훈
교정 · 교열 | 안종군
표지 디자인 | 박현정
본문 디자인 | 앤미디어
홍보 | 박연주
국제부 | 이선민, 조혜란, 김해영, 고운채, 김필호
마케팅 | 구본철, 차정욱, 나진호, 이동후, 강호묵
제작 | 김유석

www.cyber.co.kr ★ ★ ★
성안당 Web 사이트

■ **도서 A/S 안내**

성안당에서 발행하는 모든 도서는 저자와 출판사, 그리고 독자가 함께 만들어 나갑니다.
좋은 책을 펴내기 위해 많은 노력을 기울이고 있습니다. 혹시라도 내용상의 오류나 오탈자 등이 발견되면 "좋은 책은 나라의 보배"로서 우리 모두가 함께 만들어 간다는 마음으로 연락주시기 바랍니다. 수정 보완하여 더 나은 책이 되도록 최선을 다하겠습니다.
성안당은 늘 독자 여러분들의 소중한 의견을 기다리고 있습니다. 좋은 의견을 보내주시는 분께는 성안당 쇼핑몰의 포인트(3,000포인트)를 적립해 드립니다.
잘못 만들어진 책이나 부록 등이 파손된 경우에는 교환해 드립니다.